战略竞争力

张宗泽 ◎ 著

中国纺织出版社有限公司

内 容 提 要

战略力是企业业绩倍增的助推器，企业间的竞争本质上就是战略力的竞争。本书除对战略力的重要意义进行论述外，还从战略分析、战略选择、战略规划、战略解码、战略执行、战略评估、战略控制、战略升级、战略运营这九个方面详解提升企业战略能力的路径，帮助企业从多角度洞察内外部环境，运用多种工具锁定发展路径，清晰明确地构建战略架构，通过战略解码助力战略落地，通过复盘纠正战略偏差，找准市场形势完成战略升级和运营。本书理论与实践并重，原理与方法并行，既适合企业家参考，也可供企业管理人员阅读。

图书在版编目（CIP）数据

战略竞争力 / 张宗泽著 . -- 北京：中国纺织出版社有限公司，2023.2
ISBN 978-7-5229-0303-3

Ⅰ. ①战… Ⅱ. ①张… Ⅲ. ①企业战略—研究 Ⅳ. ① F272.1

中国国家版本馆 CIP 数据核字（2023）第 004141 号

策划编辑：曹炳镝　于　泽　　　责任编辑：史　岩
责任校对：高　涵　　　　　　　责任印制：储志伟

中国纺织出版社有限公司出版发行
地址：北京市朝阳区百子湾东里A407号楼　邮政编码：100124
销售电话：010—67004422　传真：010—87155801
http://www.c-textilep.com
E-mail: faxing@c-textilep.com
中国纺织出版社天猫旗舰店
官方微博http://weibo.com/2119887771
天津千鹤文化传播有限公司印刷　各地新华书店经销
2023年2月第1版第1次印刷
开本：710×1000　1/16　印张：12.00
字数：160千字　定价：58.00元

凡购本书，如有缺页、倒页、脱页，由本社图书营销中心调换

前　言

谈到"战略",很多企业老板、职业经理人会产生疑问:"战略"一词都已被说烂了,为什么还要用一本书来讨论"战略"呢?之所以有这样的疑问,是因为他们不相信战略,认为战略是个很空泛的东西,谈战略就是变相的忽悠。

其实不是战略本身不重要,是其缺少一定的战略能力。对于一个企业来说,战略很重要,战略能力更重要。实现战略目标的战略能力,是企业的核心竞争力。很多企业领导的战略规划做得非常完美,具有前瞻性、全局性,包含研发、技术升级、品牌建设、产品资源整合、资本运作等,结果经常因为战略能力不匹配而虎头蛇尾。

许多时候,企业需要的不是一份战略,而是战略能力。战略能力是决定达成战略目标的核心能力,战略能力通常指整合匹配资源的能力,挖掘市场机会取胜的能力和实施各种竞争策略的能力。

彼得·德鲁克说:"竞争战略的主要目的是能比竞争对手更好地满足顾客的需求。"要赢得市场,企业除了要有战略支撑,还要在战略规划、战略执行等环节表现出足够的能力。任何一家企业的失败,归根结底都是因为战略目标与战略能力不匹配。

  如果企业的战略目标和战略能力匹配出现了问题，即使是再好的战略，也无法落实到结果和目标上面。

  为了帮助更多企业经营管理者提升战略素养，认识战略增长力的底层逻辑，并快速掌握构建企业战略能力的各种工具与方法，《战略竞争力》从实战的角度出发，通过落地方法加实战场景的方式，对战略分析、战略选择、战略规划、战略解码、战略执行、战略评估、战略管控、战略升级、战略运营这九大决定企业战略增长力的核心板块作了深入浅出的阐释，方法与原理并行，流程与技巧并重，一学就会，拿来就能落地，是不可多得的实操读本，亦可作为企业中高层管理人员的战略管理培训手册。

张宗泽
2022 年 7 月

目录

第1章 战略力：企业业绩倍增的助推器

企业的竞争，实质上是战略力的竞争 / 2

成功 = 正确的战略 × 合适的组织能力 / 4

战略思维：开创发展的新路径与新格局 / 7

战略管理：实现企业的可持续发展 / 9

战略定力：跨界可以，但别太过火 / 11

战略 ≠ 战术 + 经营目标 / 14

【战略场景】华为的"军团"模式与战略突围 / 16

第2章 战略分析：深度洞察内外部环境的六大方法

PEST 分析：四个维度洞察外部宏观环境 / 20

波特五力分析：全方位掌握行业竞争格局 / 23

利益相关者分析：权衡各方对战略的影响 / 26

竞争者分析：准确判断对手的战略及反应 / 29

价值链分析：明确各项活动对业绩增长的贡献 / 32

雷达图：直观了解企业的经营现状 / 34

【战略场景】×××科技公司的PEST分析 / 36

第3章 战略选择：锁定发展路径的五大工具

SWOT分析：进行内外部信息匹配 / 40

SPACE矩阵：定位企业的战略方向 / 43

波士顿矩阵：决定企业的产品组合战略 / 46

EVA管理：保持战略决策与股东财富一致 / 49

安索夫矩阵：决定产品和市场的发展方向 / 51

【战略场景】珠海格力电器的战略选择 / 54

第4章 战略规划：构建清晰的战略逻辑架构

确定清晰的战略意图 / 60

战略规划的基本原则 / 62

制定战略规划的流程 / 64

BLM管理模型："五看"+"三定" / 66

战略规划的五大误区 / 71

【战略场景】火星人："品牌力+创新力+营销力+服务力"助力企业发展 /73

第5章 战略解码：有效衔接战略规划与战略执行

一个宗旨：战略解码让"团伙"变"团队" / 78

两个思路：平衡计分卡+业务执行力模型 / 80

三个层面：总体战略+业务战略+职能战略 / 83

四个环节：战略澄清＋目标拆解＋行动计划＋个人绩效承诺书 / 86

五个问题：为什么战略解码会失效 / 90

【战略场景】战略解码助推 ××× 公司战略落地 / 93

第 6 章　战略执行：找到最佳落地路径与实操方法

一套有效工具：目标与关键成果法 / 98

两大核心逻辑：市场洞察＋上下同欲 / 101

三种落地保障：产品组合＋运营战术＋组织能力（组织重构）/ 103

四大核心能力：战略力＋产品力＋营销力＋动员力 / 106

五大助推体系：打造一支高绩效的执行团队 / 109

【战略场景】战略高效落地，支撑 ×× 公司成功转型 / 113

第 7 章　战略评估：通过"战略复盘"来纠正偏差

战略评估：你的战略正确吗 / 116

战略选择评估 / 118

战略规划评估 / 120

战略实施评估 / 123

战略绩效评估 / 126

【战略场景】×× 公司战略风险评估报告 / 129

第 8 章　战略控制：让战略与市场更好地匹配

战略控制，让管理回归简单 / 134

战略控制特征、层次、类型、原则 / 136

战略控制内容与步骤 / 139

　　传统战略控制与现代战略控制 / 141

　　战略增长点的培育与控制 / 144

　　【战略场景】6S 体系助力 ××× 公司战略管控 / 147

第 9 章　战略升级：摆脱"增长极限"魔咒

　　为什么一定要进行战略升级 / 152

　　企业再造：顺应大势，不要输给时代 / 154

　　比较优势再造：确立新的竞争壁垒 / 156

　　商业模式再造：不断拓宽行业的财富边界 / 158

　　企业文化再造：要"成功"，也要"成道" / 162

　　【战略场景】美的集团的四次战略升级 / 164

第 10 章　战略运营：破解 C 端、B 端痛点

　　发展型战略：强化优势，避免木桶效应 / 168

　　稳定型战略：以守为攻，积极应对变化 / 171

　　紧缩型战略：给出针对性"止血"方案 / 173

　　并购战略：优化产业链，让 1+1 大于 2/ 176

　　差异化战略：培育独特 IP，避免同质化竞争 / 179

　　【战略场景】"大白兔"的跨界营销战略 / 181

参考文献

第1章 战略力：企业业绩倍增的助推器

企业的成功，首先是战略的成功。企业的全面溃败，首先是战略的失败。任何企业都需要制定战略，都要提升战略力。如果说战略是方向，是指路明灯，是成功的路线图，那么战略力就关乎企业生死，决定企业的地位。

企业的竞争，实质上是战略力的竞争

"战略"一词最早用于军事领域，后来逐渐扩展到政治、外交、经济等方面。从字面上理解，意思就是指导全局的计划和策略。故其具有全局性、长远性、预见性、关键性等特征。在企业经营与管理中，人们对"战略"的理解不尽相同，存在一些认知偏差，有人认为战略是定位，也有人认为战略是行动纲领，还有人认为战略是指导思想……

那对企业而言，战略究竟是什么？

从广义上说，战略是企业长远的、全局性的规划，以及企业为实现规划，在不同阶段应实施的不同方针和对策。具体来说，战略就是要着重回答三个基本问题。

第一个问题：我是谁？

可以说，这是决定企业成败的第一问。回答这个问题，既是明确企业的使命、初衷，也可理解为明确企业存在的社会价值与商业价值。

第二个问题：要到哪里去？

在回答上个问题的基础上，找到企业的战略机会点所在，即找到清晰的企业发展方向，清楚要做什么，或是不做什么。

第三个问题：如何取得成功？

即如何确保战略落地，这主要涉及公司的执行力、战略路径、竞争策略、竞争优势及组织能力的打造等。

对企业来说，战略非常重要，特别是一些发展战略，就如同航标与灯塔，但更重要的是打造这些战略的能力，即企业的战略能力。有很多企业，他们请专业的运营团队为企业制定战略规划，虽然规划得很好，但是结果虎头蛇尾，为什么？因为自身的战略能力不足，或者说，错把战略当成了战略能力。如果说战略是做正确的事，那么战略能力就是能够正确地做事，是决定战略目标能否达成的核心能力。从这个意义上说，企业间的竞争实质是战略能力的竞争。

战略能力的重要性主要体现在以下四个方面。

1. 判断潜在的危与机

分析企业的内外部环境，需要具备较强的战略能力。尤其是通过外部环境分析，可以准确判断外部发展趋势，及其对企业的影响，从而更好地把握市场机会，或有效地规避市场风险。

2. 明确企业核心竞争力

战略能力可以保证企业发展不偏离轨道，并根据自身发展情况进行适度的战略调整，以便更好地发挥自身的优势，巩固行业内的地位，进而强化其核心竞争力。

3. 优化整合各种资源

战略能力也是一种资源整合能力，特别是对企业人力资源的有效整合，让各个部门的管理者和员工共同参与企业战略的制定工作，能极大地提升企业效率与企业的软实力。

4. 提升企业品牌形象

明确的战略有助于建立品牌形象及独一无二的企业标识。战略较为模糊的企业，品牌往往立足现时。真正注重战略能力的企业，绝不会只追求企业的短期利益，而是致力于打造企业的品牌形象，实现企业的长期战略目标。

企业制定战略的目的就是提升企业的竞争力。战略对于企业的价值，就像思想、智慧对于一个人的价值。完整、科学的战略方案对于企业改善经营管理、提升经营业绩、实现企业快速健康发展，具有不可估量的巨大作用。

比如，对于中小企业来说，有些项目的钱虽然好赚，但不可持续，如果没有一定的战略能力，便难以构建起自己持续的竞争能力，在风云变幻的市

场中,随时可能成为出局者。对于大企业来说,如果不注重提升战略能力,只是躺在功劳簿上,那么将会面临巨大的转型压力和增长困境。

从这个意义上说,企业真正需要的并非战略,而是战略能力,它可以将资源、能力和战略三者有机融合,让企业不断获得竞争优势。

成功＝正确的战略×合适的组织能力

很多球迷经常会熬夜看球,尤其喜欢看欧洲的足球五大联赛。这是为什么?因为球队水平高,比赛过程精彩,能充分展现足球的魅力。通常,每一支高水平的球队,都有一两个当家球星。如果一支球队的每一个球员都是球星,这支球队会不会稳拿冠军奖杯?答案是:不一定。

球队的整体实力,一方面取决于每个球员的能力,另一方面取决于场上球员的组织、配合及教练的战术等。球队的胜利要靠整体的战斗力,而并非个别球星。

经营企业也是这个道理,企业要获得成长,既需要出色的员工、管理人员,也需要优秀的组织能力。因此,可以将企业的成功概括为一个公式:成功＝战略×组织能力。

有人会问:战略和组织能力的中间为什么是乘号,不是加号呢?

如果是加号的话,即便其中一项很差,也可能得到一个看上去不错的结果,如果是乘号的话,只要一项不行,结果就很难看,假设组织能力为零,那结果就是零,即便你的战略再厉害,反之亦然。比如,企业的组织能力很强,但是战略不对路,或是战略本身存在很大的问题,那么即使具备强大的组织能力也无济于事。

1. 制定一个"好战略"

制定战略并不难,难的是制定一个好战略。什么是好战略?简单来说,就是适合企业自身资源、人才情况,并能精准落地的战略。如果战略只是听上去很美妙,不具有可行性,或是脱离了企业实际,就算不上好战略。

一个好的战略制定者,一定具备非常深刻的洞察能力,具有深入浅出的表达能力,能够准确地看到此刻形势下,自己的位置在哪里,自己面临什么样的挑战,自己应该采取的策略是什么。

举个例子。

有一群老鼠开会,商讨如何对付猫的袭击。有一只老鼠被称为"智多星",它第一个站出来说:"这还不简单,给猫的脖子上挂一个铃铛啊!这样,只要它一动,我们就能听到响声,可以及时逃跑。"众鼠一听,无不称赞。这时,有一只老鼠问了一句:"该让谁去往猫的脖子上挂铃铛呢?"此刻场面顿时陷入了沉寂。是啊,该让谁去呢?大家你看我,我看你,都说不出话来。

好战略的一个重要标准就是能够落地,能够被细化为可执行的战术,如果只是纸上谈兵,缺少合理性、实操性,那么这样的战略不要也罢,甚至根本算不上是战略。

很多人认为,战略很复杂,很玄妙。其实不然。真正的好战略,不一定需要进行复杂的逻辑推理、分析,或是涉及矩阵、图表、三角模型等战略管理工具。只有一些所谓的专家,在谈"战略"时会故弄玄虚,让人觉得高深莫测,复杂多变,难以捉摸。说得直白些,战略就是一个行动纲领,不仅企业的领导能看懂,基层的员工也能看懂。

2. 提升团队的组织能力

只有一个好的战略是不够的,企业还必须依靠强有力的团队和组织能力,才能确保自己比竞争对手更快、更好地执行战略。

什么是组织能力?简单来说,它不是指个人能力,而是一个团队所发挥出的整体战斗力,是一个团队竞争力的DNA,是一个团队在某些方面明显超

越竞争对手,为客户创造价值的能力。如果说战略很容易被模仿,那么,组织能力是难以被模仿的。

特别是在数字化时代,企业内外部的各种资源都在剧烈变化。那么,如何快速整合不同的资源,如何高效协调、配置资源以面对不确定性,便成为企业要面对的核心挑战。这就要求企业去打造组织能力,整合资源,高效配置并获得结果。因此组织能力也成为企业核心关键的能力。

明确了企业的战略方向后,该如何快速打造团队的组织能力呢?其关键要从三个方面入手。

首先是提升员工能力。让所有员工都具备实施企业战略,打造所需组织能力的知识、技术和素质。在这一过程中,企业要明确这几个问题,如"需要什么样的人才""员工要具备什么能力和素质""企业是否有这样的人才储备""如何选择、培育、用好人才"等。

其次是重塑员工思维模式。员工会做,不一定愿意做,这取决于员工的思维模式。企业在打造组织能力、追求战略目标实现的过程中,不仅要求员工具备胜任岗位的能力,还要求员工心中持有按照公司的发展愿景、目标去追逐自我进步与提升的意愿。

最后是优化员工治理方式。在员工具备了相应的能力和思维模式后,企业要为员工才华的施展提供资源与管理支持,如设计支持公司战略的组织框架,平衡集权与分权以充分整合资源,优化关键业务流程,建立支持公司战略的信息系统和沟通交流渠道,等等。

一家企业要获得持续的成功,既离不开正确战略的引领,又离不开强有力的组织能力作保障,二者缺一不可。与此同时,战略和组织能力要相互适应,相互促进,并能根据内外部环境的变化进行动态调整,实现同步升级。

战略思维：开创发展的新路径与新格局

在企业运营与管理过程中，有一个现象很常见：有些企业领导者并非管理学科班出身，但因为战略思维强，能带领企业层层突围；有些企业领导者善于做企业管理，但缺少战略思维，让企业错失成长机会。由此可见，企业领导者是否具有战略思维，对企业的成长至关重要。

稻盛和夫在其《活法》一书中，阐述了一个观点：一个人要想成功，不但要有天赋、知识、技能，还要有思维方式，一旦思维方式错了，结果就是负的。同样的道理，一个企业的成功，往往是战略应用的成功，是企业管理者战略思维的成功。

什么是战略思维？如果用一句话来概括，就是站得高、看得远、观察得全的能力，即从全局高度把握客观事物的高级思维方式。

或许有人会说：战略不重要，还要什么战略思维？只要跟在成功者后面模仿就可以了。很多企业确实也采取了这种做法，即看行业的龙头怎么做，然后去煞费苦心地研究、模仿。在经济形势好的时候，似乎感觉不到这种打法的风险。当遇到政策、商业环境等变化时，这种打法的弊端立马就显现了，企业会迷失方向，不知何去何从。说到底，就是没有战略思维，不能未雨绸缪，面对急骤的内外部变化，不能给出可行的、灵活的应对方案，而满眼都是问题与障碍。

有这样一个案例：

有一家经营了多年的火锅店，生意一直很火，引来了众多的模仿者。其中有一位创业者照猫画虎，也开了一家火锅店，结果不到半年就倒闭了。他百思不得其解，明明两家店几乎一模一样，为什么我的店就不行呢？

其实这位创业者并不清楚，人家的生意之所以火，是老板一步步"设计"出来的，用什么竞争策略，推出什么活动，如何线上线下引流……有一整套成型的打法，这些都是竞争力，都是战略思维的结果，是很难被模仿的。

对企业来说，要实现业绩的持续增长，必须要提升自身战略思维能力。为此，作为企业的掌舵人，要着重从以下三个方面来加强战略思维修炼。

1. 运用逆向思维逻辑

逆向思维，即从后往前看的思维逻辑。经营企业，一般的逻辑是：根据企业现有的资源、人才、资金等，着手制定企业的战术、战略。逆向思维逻辑是：先提出一个战略，然后层层分解，最终落实到个人或部门。逆向思维逻辑有一个好处，就是通过倒推可以发现企业存在的短板，以及制约企业发展的关键问题所在。对企业而言，不但需要正向思维，必要时还需"摸着石头过河"，更需要逆向思维，即通过预演设计组织架构，整合内外部资源，从而降低风险，少走弯路。

2. 学会系统化思考

系统化思考是指能看清大势，统筹协调，把握关键，并且能够找到解决问题的思维方法。在电视剧《军师联盟：虎啸龙吟》中有一个片段：

诸葛亮率领10万蜀军与司马懿的20万魏军对峙。虽然魏军占据绝对的兵力优势，但是老谋深算的司马懿却没有主动出击。他清楚：蜀军劳师远征，后勤补给是个大问题，所以想速战速决。只要自己不出战，用不了一个月，蜀军就会自乱阵脚。这里，司马懿就运用了系统化思维，没有局限于战场，而是看到了战场以外的局势。

商业竞争也是如此，企业领导者不但要了解自己的竞争对手，还要了解竞争以外的情况，全盘考虑企业的战略问题。再者，企业本身也是一个复杂的系统，在解决内部问题时，也要有系统化思维。

3. 用第三视角看问题

有句话叫作"旁观者清"，说的是局外人比当事人更能看清问题的真相。

生活中，我们每个人都沉浸在自己的世界里，站在自己的视角看待一切，继而遮蔽了双眼，看不到事情的本质。许多时候，正是因为我们习惯以第一视角审视问题，故而看不清企业的症结所在，或不能做出理性的决策。在遇到重要问题、重大决策时，运用第三视角思维进行分析，即以一个更高、更客观、更理性的角度来看问题，有助于更好地解决问题。

在移动互联时代，没有战略的企业注定走不远，不懂战略思维的领导者必然会经常陷入困惑。面对多变的内外部环境，企业领导者一定要不断提升自己的战略思维，这样，在事关重大问题的决策上，才能找到正确的坐标和方向；在带领企业成长的过程中，才能打破传统的边界，开创发展的新路径、新格局。

战略管理：实现企业的可持续发展

在现实中，除非你不想成长，否则一定要有自己的战略，并对战略进行有效管理，对人、对企业都是如此。有的企业，规模不大，但创始人经验比较丰富，他可能会说，我不需要战略，更谈不上战略管理。但是，如果企业要进一步发展，就必须有战略管理作为支撑。否则就容易出现这样的情况：要么一开始方向就错了，走了一段，不得不折返回来，或是走了很大一段弯路，要么大家根本想不到一块儿去，要么就是都知道企业的目标，却不知道按怎样的步骤去实现。

那么什么是战略管理？它是一个管理学术语，即对一个企业或组织在一定时期的全局、长远的发展方向、目标、任务和政策，以及资源调配做出的决策和管理艺术。战略管理既要把握方向感，也要注重平衡感。用通俗的话

讲，就是企业下一步要去向何处，怎么去。

曾经，万科除了房地产，还有许多产业，如怡宝等。2004年之前，万科在国内不算很有名，自从创始人王石开了战略会议以后，公司用10年左右时间将除房地产之外的大部分业务都分批卖掉，如此，才成就了后来的万科。王石认为，因为公司旗下的业务板块太多，一年中的大部分时间都在参加各个公司的股东会、战略会议，以及董事会等各种会议，实在太耗时间。经过全盘考虑，他觉得应该对公司的业务做出战略性调整，即应把时间花在利润最好的业务上，而当时的房地产业务的利润是最高的。

不论什么样的公司，发展到一定规模后，一定要做战略管理。试想，一个有几百名员工，资产数十亿元的企业，怎样进行有效管理？如何让大家达成共识？如何让大家劲儿往一处使？这都离不开战略管理。怎么做？关键做好三件事：定方向、找人才、找资金。这也是战略管理的三大核心。

1. 定方向

战略制定最核心的要素是"匹配"，即把"所能"与"欲取"进行匹配，得到可为与不可为之比较，从而确定一个组织的根本方向，也就是战略方向。

创业之初，创业者都会为企业明确一个清晰的发展方向，也就是战略规划，企业最终要走到哪里。要确定企业的发展方向，就必须要考虑时间和空间这两个核心维度。在什么时间？去哪个市场？但是一般人会只关注时间，而没有考虑空间，或者只关注空间却没有考虑时间。

2. 找人才

企业发展的基石是人才与团队，人才也是企业未来要融资的第一步。作为经营者，一定要善于挖掘人才，培养核心团队，以人才吸引人才。俗话说得好，"兵熊熊一个，将熊熊一窝"。找到合适的人，能够弥补管理者自身能力和天赋的不足，帮助一个企业往前走。

企业在打造人才战略时，关键要做好三个方面：首先，要能够基于企业未来发展方向，明确自己需要什么样的人才；其次，要对现有人才进行盘点,了解企业人才缺口,以及人员能力水平;最后,能够围绕人才管理的"选、用、育、留"进行更新与升级,以提高企业的人才管理能力。

3. 找资金

不论什么样的企业都有一个共同的特点,就是永远都缺钱。为什么缺钱?原因有三:一是现金流的需要,足够的现金流可以保证企业正常运转;二是资本投资,如买库房、设备等;三是开发新的产品,一般新产品的开发需要一定的周期,前期的研发,以及在新产品上市后,还未获利之前,都需要支出较大的成本。

找资金是企业战略管理的一大核心,甚至直接决定了企业的生死。可以形象地说,钱就像军队的弹药,没有了弹药,仗还怎么打?如何找到合适的钱,且支付的成本较低,最能考验一家企业的战略管理能力,毕竟没有人愿意将钱投资给一个"走一步,算一步"的企业,投资人一定会比别人更关心企业的前景,以及预期的回报。

如果企业缺少战略管理,就会迷失发展与创新方向,没有明确的定位和发展思路,而且会逐渐丧失核心竞争力。核心竞争力是企业战略的核心部分,它体现着企业或企业家的战略意图。再者,企业缺乏战略管理,将难以形成高效执行文化,团队就如同一盘散沙,组织成员各行其是,企业的能量在内耗过程当中被消耗殆尽。所以,企业一定要重视战略管理,更好地把握机遇,迎接新的挑战,实现可持续发展。

战略定力:跨界可以,但别太过火

每个企业都属于一个特定的行业,都有自己的主营业务,这也是企业立

足的根本。如果一家企业今天做这个行业，明天干那个行业，美其名曰"跨界"，或是主营业务飘忽不定，那它可能会赚一些快钱，但不可能形成自己的战略定力。

在数字时代，所有的企业都要拥抱互联网，或许还需要适度跨界。跨界可以，但一定要有战略定力，不能迷失方向，什么好做就去做什么。这也是大多数中小企业经常会改变自己的战略方向，或者说根本没有战略的原因。

例如，有位老板经营着一家陶瓷工厂，因为管理有方，效益一直不错。几年前，一次偶然机会他接触到了抖音，并在抖音上通过短视频分享经营工厂的心得。让他始料未及的是，短短三个月时间，粉丝数量就涨到了5万。一年的时间，粉丝数量涨到了100多万。这时，他每天的大部分时间都在研究怎么将流量变现。他尝试了几次直播带货，效果并不理想。这时，受新型冠状病毒疫情影响，工厂效益也不怎么好。他便想着转型互联网，关闭工厂，于是注册了一家电商公司。当他真正跨入这个行业，才发现直播带货有很多门道，且鱼龙混杂，竞争异常激烈，不是拥有百万粉丝就可以轻松赚钱的。当粉丝数量达到200万时，要再往上涨就很难了，为什么？因为缺少持续的有价值的内容输出。过去，很多人关注他，是因为他能结合管理实践与场景，讲一些很贴近现实的"干货"，现在厂子都关了，无论他坐在那里讲什么，都会让人觉得有些空洞。

如果企业看重眼前利益，缺少清晰的战略定位与执行力，在市场欣欣向荣的时候，固然可以享受到一定的红利，当红利不在，立马被打回原形，甚至连想改变的机会都没有。说白了，这些企业都是走一步算一步，危机意识不足，从来没有认真想过，五年后，十年后，我要做什么，要做到行业什么水平，而只是关心：我现在去做团购，做直播带货还能不能赚到钱？我想从事短视频营销，还能赶上时代的红利吗？

其实，每个行业都在快速地变化，新的商业模式层出不穷，当你真正进入一个陌生的行业，或是开展一项新的业务时，赚钱远没有你想象的，或是看到的那样简单。当风口过后，或行业红利不在时，剩下的可能只是一地鸡毛。特别对一个新手来说，要想从一个几近饱和的市场分一杯羹，谈何容易。这时，市场哪怕有一丁点儿的风吹草动，都可能带来极大的经营风险。

面对外界的种种诱惑，企业该如何保持战略定力呢？

1. 深耕一个行业或一项业务

要深耕一个行业，或是一项业务，首先要做到一个"稳"字。选定了一行业、一项业务，就要有长远的计划，就要想着把它做实、做精、做专，以逐渐建立起行业优势与竞争壁垒。这就要求企业要看大势，要有长远的战略眼光，不能因一时的利益而改变目标和方向。

2. 对市场进行深度的洞察

可以说，市场洞察的深度，决定了战略定力的强度。通过市场洞察，可以清晰地知道未来的机遇和企业可能碰到的挑战和风险，以及这些对公司意味着什么，以方便公司及时做出对策与风险防范。做市场洞察，不仅要了解市场现状，还要预测未来的发展，包括客户需求的变化，竞争者的状况及动向，技术发展的趋势，等等。

3. 提升组织的战略执行力

组织的设计一定要依赖于客户业务运营活动的各个流程，要能够与客户的流程匹配，形成最佳的组合，达成最高的效率。通常，组织架构要根据客户组织和业务流程的变动而变动，有时，为了获取新的战略机会，需要重新设计组织架构，形成战略突破。

4. 善用战略愿景进行牵引

通常，一家优秀企业的"从战略到执行"分为"从 0 到 0.1""从 0.1 到 1""从 1 到 100"三个阶段，分别对应战略尝试期、战略形成期、战略扩展期，在战略尝试期的核心是创新、试错，用使命、愿景、方向引导公司。对于很多初创公司，或者大公司中的新业务而言，都是"从 0 到 0.1"的过程，在这一过程中，愿景的牵引非常关键。

企业只有保持战略定力，战略规划和战略执行才能更加有效地推进，最后才能形成企业的战略自信，使企业基业长青。特别是处于转型期的企业，战略方向一定不能出现漂移，就像一艘航船，一旦迷失了方向，不知该驶向哪里，便很难让全体船员形成共识与合力。如此一来，战略转型就很可能成为企业的命运转折点——企业从此走向衰落，逐渐淡出市场的竞争。

战略≠战术＋经营目标

在企业运营过程中，"战略"与"战术"是经常被提及的两个词。通常人们认为，战略强调的是远期目标、愿景，战术强调的是具体打法、实现路径，于是，想当然地将战略与"战术＋经营目标"等同起来。其实，这种观点是不准确的。

很简单，一旦战略缺失，即便所有的"战术"都是对的，企业也走不远！也就是说，正确的战术与经营目标结合，不能等同于战略。正因为如此，很多被贴上"战略"标签的东西，其实和战略并没有多大关系。

那战略与战术之间究竟是怎样的关系呢？

1. 先有战略，后有战术

战略与战术之间的关系大体是这样的：一旦确定了战略方向，那之后的很多战术动作都要围绕这个战略方向来开展，很多的资源调配工作都要服从战略方向；而不是先找到一个可行的战术，然后把它发展成战略。也就是说，先有战略，后有战术。

2. 战略是"远景规划书"，战术是"行动路线图"

战略是大前提，战术是小基础。如果没有正确的战略规划，战术安排就会失去方向,必然自乱阵脚;同样,如果没有一个个成功的战术,战略实施则难以完成。

举个例子,你正在思考:要不要开一家网店,这就是战略问题;而"怎样才能开好网店"是一个战术问题。你经过缜密的战略分析,研究出了一整套的战略规划,但是销量始终上不去,和你卖一样产品的网店,销量却比你高很多,为什么?因为人家不但有战略,而且有出色的战术,你"卖个情怀,交个朋友""开业大促销",人家直接"9块9包邮""买一送二"。所以说,战略和战术是互为依托、相辅相成的。

3. 战略是大格局,战术是小步骤

做个形象的比喻:假设你每天坚持走1万步,这1万步是一步一步走出来的,相对于"1万步"这个战略,每一步都是一个战术。

战术必须服从战略,要考虑怎么更好地实现战略,所谓"不谋全局者,不足谋一域;不谋万世者,不足谋一时"。懂得了战略才能更好地考虑战术。有些事情从战术上看没问题,但从战略上看行不通,这样的事就不能做;而有些战略可行,而战术不可行,则要有全局、长远意识,坚决去做。

在经营管理工作中,战略与战术之间的关系,主要体现在两个方面:

一是别用战术上的勤奋掩盖战略上的懒惰。小米科技的创始人雷军曾说过:"不要用战术上的勤奋掩盖战略上的懒惰。"而很多人犯的错误,恰恰是常用战术上的勤奋掩盖战略上的懒惰。做事是战术层面上的事情,而制定目标、制定执行计划才是战略上的事情。很多时候,人们都愿意花些时间与精力把一件具体的事情做好,甚至做到极致,却没有思考自己有没有走在抵达目标的方向上,只是觉得自己很忙,却有可能白忙一场。要想真正把事情做好,首先要做好战略层面的事情,否则,战略错了,全局皆输,战术在一定意义上毫无作用。

二是战略上蔑视对手,战术上重视对手。即从全局来看,做一件事应当要保持自信,而对所做的每一步都应当细致耐心、认真对待。面对市场环境

和行业变化,企业要敢于尝试新事物,面对新的挑战,在这个过程中,使全员建立共识,把奋斗方向与目标统一在如何实现企业战略目标上。

对企业来说,如果能够制定一项好的战略,并且给出完整、可行的战略落地的方法和流程,即战术打法,便可获得快速的发展。

【战略场景】华为的"军团"模式与战略突围

华为被喻为行业的标杆,是众多企业学习、研究的典范,从创立至今,华为实现了跨越式发展,在国外屡屡进行技术封锁与打压的情况下,成功实现战略突围。其成功的秘诀是什么?

有人说是华为的商业模式,有人说是华为的管理方式,也有人说是大手笔的研发投入……这些说法都有一定的道理。

其实,我们还可以从另一个维度来解密华为的成功,这就是华为的"军团"模式。这种模式在华为发展史上具有里程碑式的意义,华为凭借这种"军团"模式,不断实现业务突破,短时间内成长为一家世界级科技巨头。

华为始终在尝试一条这样的战略假设:"依托全球化平台,聚焦一切力量,攻击一个'城墙口',实施战略突破。"即只要认准了一个方向,就火力全开。这或许可以很好地解释华为"军团"模式的由来。

"军团"模式也被认为是华为进行的一次组织变革,即将科学家、专家与各类人才汇聚在一个部门,打破现有组织边界,快速集结资源,通过军团作战的模式对重点行业进行突破,做深、做透一个领域。用一句话概括,就是"一切为了胜利"。

在华为发展史上,一共组建过三次"军团",成立了20个"军团"。

第1章 战略力：企业业绩倍增的助推器

1. 2021年10月，第一批的五大军团正式亮相

在这一年的誓师大会上，首批五个"军团"正式公开亮相，宣布华为开启了"军团"作战模式。根据华为的规划，在华为发展的关键时期，组建五大军团，目的是让其担负战略突围的重任。这五大军团分别为：

①煤矿军团。华为煤矿军团主要服务于国内各大煤炭集团、金属和非金属矿业集团。通过ICT技术与煤炭开采技术的结合，帮助煤炭行业进行数字化、智能化转型，实现"安全、少人无人、高效"的生产模式。

②智慧公路军团。在我国，公路承担了综合交通网货运总量的70%以上，这也成为华为智慧交通落地的主战场。近年来，华为与合作伙伴在智慧公路领域的技术方案正连点成面。例如，2019年ETC车道改建工程中，华为落地自由流FusionCube收费一体化解决方案；2020年10月，华为携手行业合作伙伴共同发布智慧公路不停车治超1.0解决方案……

③海关和港口军团。该军团"深刻地洞察客户的需求，去解决客户的问题，去提升港口运营效率、海关运营效率，为客户创造价值"，智慧港口是其成功落地的一大行业场景。

④智能光伏军团。截至2021年5月底，华为智能光伏全球累计发货已超175GW，应用于60多个国家的教育、医疗、体育、交通、农牧渔、现代化制造等多个行业，累计生产超过3000亿度绿电。该军团的使命是"将核心能力打造到极致，成为智能光伏领域真正的全球的王者"。

⑤数据中心能源军团。该军团由数字能源部门升级而来，包含站点能源、数据中心能源、智能光伏、车载电源、模块电源五大业务，60多个系列产品。

2. 2022年3月，组建第二批十大军团

此次组建的十大军团分别为：电力数字化军团、政务一网通军团、机场与轨道军团、互动媒体军团、运动健康军团、显示新核军团、园区军团、广域网络军团、数据中心底座军团与数字站点军团。

从其名称不难看出,华为下一步战略布局的方向:一半的军团和数字化、智能化业务相关,且与终端相关的业务也加入军团中。

3. 2022 年 5 月,组建第三批五大军团

2022 年 5 月 26 日,华为公司在深圳坂田基地 A 区举行第三批军团(系统)组建成立大会。此次组建的五个军团(系统)分别是:数字金融军团、站点能源军团、机器视觉军团、制造行业数字化系统部和公共事业系统部。

华为通过军团模式,提升了企业的专业化协作能力及市场竞争力。与此同时,各军团可在现有业务板块的基础上,进行更深层次的业务拓展、技术攻关,以及品牌培育等,以避免产生业务发展的瓶颈。用任正非的话说,就是"军团要重视商业模式的探索与建立,军团是一个精干的集团组织,市场和服务是全球化的,我们要构建共生共赢的伙伴体系,卷入众多合作伙伴的千军万马,服务好千行百业。为了未来的理想,为了明天,请每一个人都要牢记使命,一切为了胜利。"

第2章 战略分析：深度洞察内外部环境的六大方法

战略管理的关键，是制定战略和实施战略，而制定战略和实施战略的关键在于对企业外部环境的变化进行分析，对企业的内部条件和素质进行审核，并在此基础上确定企业的战略目标，使三者之间达到动态平衡。

PEST 分析：四个维度洞察外部宏观环境

当一家企业调整发展战略，需要进入一个新的领域，或是开发某个新的业务、产品时，为了准确研判未来的形势，需要先对当下的外部环境要素进行分析。这个时候，通常要进行 PEST 分析。

PEST 分析，全称为 PEST 宏观环境分析。"PEST"是由四个英文单词的首字母组成，其中，P 是政治（politics），E 是经济（economy），S 是社会（society），T 是技术（technology）。在分析一个企业所处的宏观环境时，主要从这四个方面来考虑（图 2-1）。

图 2-1　PEST 分析思维模型

PEST 分析思维模型，只是提供了一个分析的框架，并没有提供分析指标的选择和评估标准，具体的指标需要根据自身的实际情况，不断去挖掘和丰富。所以，在进行 PEST 分析时，需要事先掌握大量、充分的研究资料。同时，对被分析的企业要有深刻的认知，否则，分析很难进行下去。

整体而言，经济方面的指标包括：经济发展水平、规模、增长率、政府收支、通货膨胀率等。政治方面的指标包括：政治制度、政府政策、相关法律及法规等。社会方面的指标包括：人口、价值观念、道德水平等。技术方面的指标包括：技术水平、工艺技术和新技术的进展等。

与 PEST 分析法相对应的是波特五力分析（也称具体环境分析）和 SWOT 分析（优劣势分析），这三种分析方法构成了战略分析的"铁三角"（图 2-2）。在进行战略分析时，通常会综合运用这三种分析方法。

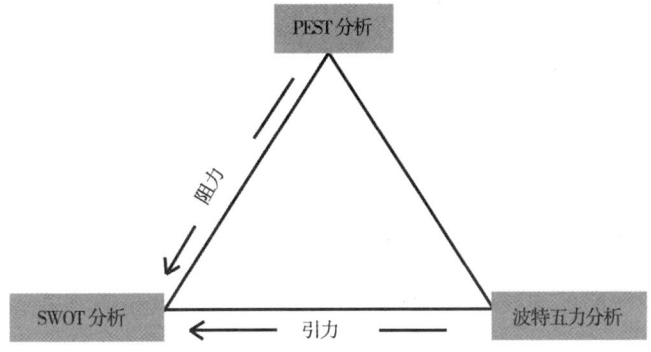

图 2-2　PEST、SWOT、波特五力分析关系

相对于其他两种分析方法，在战略分析工作中，PEST 分析法是最先运用的方法。PEST 分析和波特五力分析得出的数据和结果，对 SWOT 优劣势分析有重要影响。正因为 PEST 分析非常重要，所以，企业应在实践中不断完善它，并逐步构建起自己的 PEST 分析系统，最终形成落地操作工具。

在进行 PEST 分析时，应该着重从以下三个方面入手。

1. 构建 PEST 分析框架

从大的框架看，PEST 分析法分为政治、经济、社会和技术 4 个板块，看似清晰明了，其实包含的内容比较复杂。有了这个大的框架，接下来该如何进行分解、分析，要更多地取决于分析者的个人认知与判断。

因此，要完善 PEST 分析法，首先要解决的一个问题是：建立一个分析框架，或是要素结构，尽可能摒弃个人主观因素，使分析有框架可依，有参考要素可参照，这也可以理解为是对 PEST 进行标准化。

通常，可以将政治因素、经济因素、社会因素和技术因素定义为整体框架，在每一个因素下面，再分解、定义出多个二级因素，当然，在二级因素下面还可以拆分出10个左右的三级因素。这样就形成了三层框架结构。其中，第三层因素就是影响企业战略的具体因素。

2. 设计分析与评价准则

传统PEST的分析太过依赖专家和个人经验，这个问题不仅体现在确立分析要素环节，也发生在因素评价环节。例如，经济环境是否对企业战略造成影响，是有利还是有害，影响程度如何，取决于专家的个人判断，即便是采用专家群体评议法，也很难全面地考虑问题，最后给出的结果看似合理，其实与真实情况有相当的距离，不利于后期分析。

PEST分析的主要价值在于，对总体、局部形势进行客观的量化分析，并给出整体性、可视化的表达，以供进一步决策使用。因此，构建指标评价体系和可视化表达系统必不可少。

3. 构建科学的解读体系

如何解读PEST分析结果非常重要，这也是一项非常复杂的工作，这里的"解读"，即是对PEST分析后得出的数据进行判断，并从中提炼出关键信息。过去，这种解读主要凭借专家的经验，因此主观性强。如何避免这个问题呢？那就是构建科学、合理、符合逻辑的解读体系。也就是说，要把专家的方法融入具体的模型中，集多数人所长形成一套公允的解读逻辑和判断流程，方便更多人使用PEST分析方法。

综上，需要从要素架构、评价指标体系、解读判断逻辑三个方面入手，来构建一套完善的、能够落地的PEST分析系统，从而真正发挥其对于宏观环境分析的作用，帮助企业确立自身的发展战略。

波特五力分析：全方位掌握行业竞争格局

很多企业经常在思考这样一个问题：行业竞争日益加剧，企业该如何面对这种形势？选择"内卷"？肯定算不上一个好策略，这会导致恶性循环。转型升级？说起来容易，往哪里转，怎么升，都是问题。要找到正确的应对策略，首先要对这种局面做理性、客观的分析，这就需要用到波特五力分析法。

波特五力分析法，又叫作波特五力分析思维模型。它是由哈佛商学院教授迈克尔·波特在1979年设计并提出来的，旨在帮助企业评估在其行业中发挥作用的竞争力量，并参与战略规划。其中的"五力"，即波特给出的决定一个特定市场竞争强度的五种力量（图2-3），分别为：供应商的议价能力、购买者的议价能力、新进入者的威胁、替代品的威胁、同行业竞争者的竞争程度。

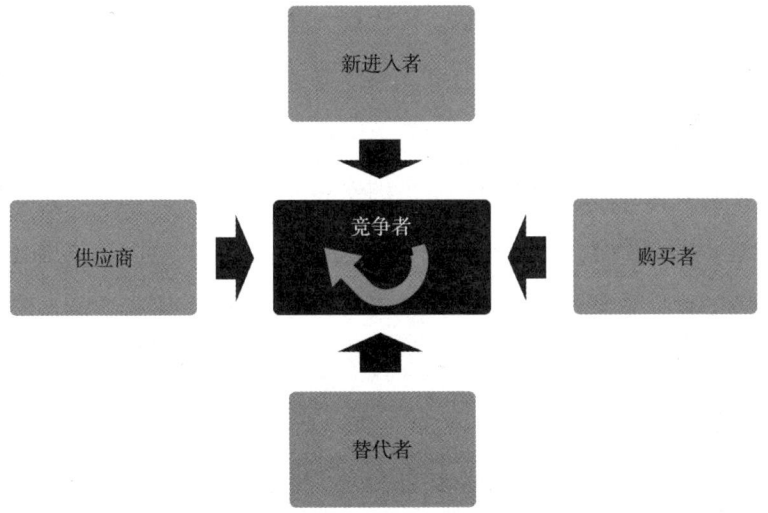

图 2-3　波特五力分析

波特五力分析模型属于外部环境分析方法中的微观分析，主要通过对某个产业的盈利能力和吸引力进行静态扫描，来说明该产业中的企业的平均盈利空

间。在此基础上，企业可以明确自身在行业中的竞争优势，并找到战略方向。

1. 供应商的议价能力

供应商的议价能力，即指供应商讨价还价的能力。当企业向供应商购买原料时，供应商会尽可能以较高的价格出售，而采购的企业则希望压低价格。这时，就比较考验双方的议价能力了。一般来说，议价能力强的供应商，会直接影响企业的利润空间。

例如，有的企业要求先收款再交易，有的企业在交易完成后仍收不到款，其实，这体现出了议价能力的差别。

那如何判断供应商的议价能力呢？关键把握两点：一是看供应商所处的行业地位，如果其市场地位稳固，而且不受市场激烈竞争影响，则其议价能力较强；二是看其产品或服务的可替代性，如果其提供的产品或服务较稀缺，或是以同样的价格很难买到品质相近的产品与服务，则其议价能力就强。

2. 购买者的议价能力

购买者的议价能力，顾名思义，就是作为买方或是采购方，与供应商讨价还价的能力。通常，购买者议价能力越强，越可以压低价格，或是以同样的价格买到更好的产品与服务。由此可见，不同的企业，因为议价能力不同，会间接影响到企业的运营成本，甚至是竞争力。

影响购买者的议价能力的关键因素有以下两个：首先是购买数量，购买数量越少，议价空间越小，购买数量越大，议价空间越大；其次是产品或服务的稀缺性，如果要采购的产品或服务无法被替代，则买方的议价能力相对较弱，因为除此之外，几乎没有其他替代品。

3. 新进入者的威胁

新进入者的威胁主要是指，由于某个行业的进入门槛较低，会不断有新的竞争者进入，因为这时市场已经相对饱和，为了生存，市场的参与者只能不断压低自己的利润，从而使整个行业的利润被拉低。

一般来说，新进入者威胁程度的大小主要取决于两个方面：一是进入新领域的障碍大小。这些障碍包括产品差异、资本需要、转换成本、自然资源、地理环境等;二是现有企业对于进入者的反应。常见的反应包括降价俏促、加大宣传力度、推出新产品等。

4. 替代品的威胁

它是波特五力分析模型中的一种力量,会对生产或销售被替代品企业的竞争地位和利润产生负面影响。威胁的大小与替代品是否存在和替代品的价格、产业的技术进步、政府管制等有关。威胁越大,产业平均利润率和产业结构吸引力越低。

打个比方,现在有两家企业,它们处于不同的行业,按常理,它们之间不会产生竞争关系。但事实是,它们之间也有可能产生竞争。为什么?它们之间的竞争源于替代品。最典型的例子就是,手机在一定程度上替代了诸如数码相机、计算器、收音机、MP4、DVD、字典、钱包等。

为了降低替代品的威胁,企业只有三种选择:要么提高产品质量,要么通过降低成本来降低售价,要么使其产品具有特色。

5. 同行业竞争者的竞争强度

大部分行业内部存在大量实力相当的竞争者。他们的竞争主要体现价格、广告、产品介绍、售后服务等方面。当同行业的竞争者数量越多,而且规模与实力不相上下时,市场竞争的规则越公平,所带来的创新战略机遇也越多。所以,在制定竞争战略时,要善于利用这种竞争。

通常,当某个行业竞争者的竞争强度较大时,会呈现这样一些特征:行业进入障碍较低,势均力敌竞争对手较多;市场趋于饱和,产品销量增长放缓;行业内降价、促销活动逐渐增多;各企业的产品在性能、价格、服务上差距不断缩小。

波特五力分析模型是一种理论思考工具,而并不是可以拿来就用的实操战略工具。在进行战略分析时,该模型可以帮助决策者全面考察自身资源与行业环境,洞悉自身的核心优势,在此基础上,做到内外兼顾、动态平衡,

才能制定能匹配竞争环境的企业发展战略。

利益相关者分析：权衡各方对战略的影响

不论过去、现在，也不论战场还是商界，利益相关者扮演的角色都非常重要，军队要打胜仗，企业要发展，在制定战略、战术时，都必须顾及利益相关者的影响。

先来看一个故事。

公元前607年，有一次，宋军主帅华元犒赏手下的将士，请大家喝羊肉汤，却忘了给车夫羊斟一碗。有人建议给车夫分一份，华元说："他就是驾车的，打胜仗也不靠他，他有什么资格分？"第二天，宋军、郑军二军决战，羊斟驾着华元的战车冲向敌军阵营，华元急得破口大骂，这时，羊斟回头说了一句："昨天杀羊犒军的事，你说了算，今天驾车作战的事，我说了算。"结果，华元被俘虏，宋军大败。

在这个故事中，因为华元没给车夫喝一碗羊肉汤，最后做了敌军的俘虏，战争失败。其实，华元没有认识到，虽然羊斟只是一车夫，却是自己的利益相关者，而且是重大利益相关者。你忽视利益相关者，没有照顾好他，对方也自然不会积极地支持你，甚至会反过来"坑"你。

同样的道理，在今天的商业竞争中，我们更应照顾好利益相关者。为此，在做战略分析时，一定要学会运用利益相关者分析这个常见方法。利益相关者分析主要用于分析与客户利益相关的所有个人或组织，帮助企业在制定战略时分清重大利益相关者对于战略的影响。

现实中，很多企业都在用这种工具，但很多时候，人们只是停留在分析自己的利益相关者是谁,他们与自己的关系如何这个层面;而一个真正有效的利益相关者分析,不仅需要明确利益相关者都有谁,还要了解他们对自己的评价,他们的需求、重要性等。这些分析会产生非常有价值的信息,有助于企业了解组织所面临的内外部环境。

为什么要进行利益相关者分析?原因很简单,有效的利益相关者分析是组织制定和提炼使命的基础,同时,也能够帮助企业确定究竟谁应该参与战略规划。

该如何进行利益相关者分析呢?主要有以下三个步骤。

1. 确定利益相关者名单

在开始这项工作前,先要了解什么是利益相关者。利益相关者是指能够对组织的资源、所关注领域及服务和产出产生影响,或者会受到组织的服务和产出影响的任何个人、小组或组织。

了解它的概念后,接下来要列一个利益相关者的名单,名单应尽可能全面。利益相关者分为内部利益相关者及外部利益相关者。

①内部利益相关者。主要是指对组织带来影响或受组织影响的组织内部的人员、小组或组织,包括:理事会、管理者、员工或某个部门、小组等。

②外部利益相关者。主要是对组织带来影响或受组织影响的任何组织架构之外的个人、小组或组织,包括:服务对象、合作伙伴、资助者、监督管理部门、行业协会,甚至是纳税人和普通公众等。

2. 衡量每个相关者的重要性

首先,针对每个利益相关者,要讨论其对组织的重要性,如其对组织的战略以及组织使命、职责和创造公共价值的能力的影响,影响既有正面的,也有负面的。在讨论的过程中,可以采用头脑风暴法。

其次,通过评估利益相关者的影响程度和利益程度来确定其优先次序。为了保证评估的客观性与理性,需要制定一套衡量评估标准。

再次,针对不同的利益相关者,罗列出他们评价企业的标准及可能对企业产生的评价。其间，在设定绩效评估标准时，要多站在利益相关者而非企业的角度考虑。

最后，集中讨论这些利益相关者是如何影响企业利益的，以及它们对企业的重要性。

3. 用"权力—利益矩阵"进行分析

经过上述分析后，可以将每个利益相关者都放入"权力—利益矩阵"中对应的位置，该矩阵是一个 2×2 的矩形结构，即有两个维度，一个是利益相关者与组织利益的关系的密切度，另一个是利益相关者的权利，即其对组织和问题的影响程度。这样可以将利益相关者分为四种不同的类型（图 2-4）。

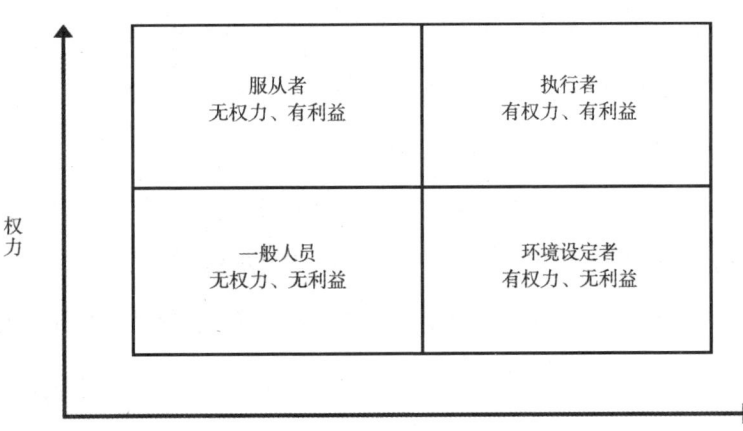

图 2-4 权力—利益矩阵

①执行者。既有关联利益，也拥有足够的权力。他们对战略规划过程和结果高度关注。

②服从者。有关联利益，但缺乏相应的权力。对服从者，应让他们更多地参与规划。

③环境设定者。拥有权力但无关联利益。当环境设定者有可能对战略规划造成不利影响时，应提升他们与战略规划的利益关联度。

④一般人员。既没有权力也无关联利益。如果沟通不畅，"一般人员"有可能变成规划进程的阻碍。

通过上面的分析,对各利益相关者对组织的重要性,及其在战略规划中应该扮演的角色有了一定的认知,接下来,将确定让他们以什么方式参与战略规划,以便充分发挥其应有的作用,并确保使其成为战略规划的推动者和支持者,而不是障碍。

竞争者分析:准确判断对手的战略及反应

竞争者分析法是一种战略分析方法,用来系统性地对竞争对手的现状与动向进行分析。通过竞争者分析,可以预估竞争对手对本企业的竞争性行为可能采取的战略和反应,从而有效地制定客户自己的战略方向及战略措施。

在进行竞争者分析时,要着重分析那些现在或将来对企业的战略可能产生重大影响的主要竞争对手。在很多情况下,正是因为企业未能正确识别潜在的竞争对手,才会导致战略出现盲点。

竞争者分析的主要内容有五个部分。

1. 识别与描述竞争者

分析竞争者的第一步,是界定竞争者。企业实际和潜在的竞争者的范围是广泛的。预测潜在的竞争者并非一件简单的工作。一般可以通过归类来识别:

①不在该行业内,但能够特别容易克服进入障碍的那些企业。

②该行业内的具有明显的协同作用的那些企业。

③认为行业内的竞争只是公司战略的一种明显延伸的那些企业。

④那些有可能进行后向一体化或前向一体化的客户或供应商。

另外，可以通过业务范围导向来识别竞争者。每个企业都要根据内部和外部条件确定自身的业务范围，并随着实力的增长而扩大其业务范围。企业业务范围的确定和扩大是受一定导向支配的，如果导向不同，企业的竞争者识别和竞争战略就不同。比如，通过产品导向、技术导向、顾客导向等来识别竞争者。

2. 识别竞争者的假设

竞争者分析的第二步是识别每个竞争者的假设。这些假设主要分为两类：一是竞争者对自己的假设；二是竞争者对行业及行业内其他企业的假设。

每家企业在选择业务方向前，都会对自己所处的商业环境等进行系统假设。这种有关自己境况的假设，将指导该企业的行为方式，以及其对事件做出反应的方式。比如，某工厂认为自己是低成本生产商，则可能选择用价格策略去赢得市场。

一般可以通过分析如下信息来识别竞争者的假设：

①竞争者的公开陈述，以及管理部门和销售人员的主张及其他迹象等。

②在历史上，竞争者是否对一些特定的产品或特定的实用政策有强烈的识别能力，如对产品设计方法、产品质量的要求、销售方法等。

③竞争者对产品的未来需求，以及对行业趋势的看法。

④竞争者如何看待其竞争对手的目标和潜在能力。

3. 陈述竞争者的现行战略

完成上述两步后，展开对每个竞争者的现行战略的陈述。比如，可以将某一个竞争者的战略视为企业某一职能部门的主要经营策略，然后站在该部门的角度，去描述该战略的实施路径。这种战略可能是明确的，也可能是含蓄的。

4. 评价竞争者的潜力

要现实地评价每个竞争者的潜在能力。竞争者的潜在能力主要包括以下五个方面：

①核心潜力。比如，竞争者在各个职能领域内的潜在能力如何，其最佳

能力适合在哪个职能部门，等等。

②增长能力。比如，在人员、技能和工厂的生产能力方面，竞争者的增长能力如何，它的市场占有率是否会增加，等等。

③迅速反应的能力。主要指竞争者对其他竞争者的行动作出迅速反应的能力，或发动即时进攻的能力。

④适应变化的能力。比如，竞争者的固定成本相对于变动成本的情况，其未利用的成本潜力，等等。

⑤持久耐力。比如，竞争者是否有能力经历一场长期的较量，这种能力会对其收益或现金流造成怎样的压力，等等。

5. 判断竞争者的反应模式

对竞争者的未来目标、假设、现行战略和潜在能力进行了全盘分析后，就可以预判竞争者的反应及可能做出的行动。

①从容不迫型竞争者。有些竞争者反应不强烈，行动迟缓，其原因可能是认为客户忠于自己的产品，也可能不够重视，没有发现对手的新措施；还可能是因缺少资金无法作出适当的反应。

②选择型竞争者。有的竞争者可能会在某些方面反应强烈，如对降价竞销总是强烈反击，但对诸如增加广告预算、加强促销活动等却不予理会，因为他们认为这对自己威胁不大。

③凶猛型竞争者。有些竞争者会对同行的进攻作出强烈的反应，一旦受到挑战，便会立即发起猛烈的全面反击，要避免与这样的对手正面交锋。

④随机型竞争者。有些企业的反应让人捉摸不定，它们在特定场合可能采取行动，也可能不采取行动，并且无法预料它们将会采取什么行动。

企业要获得长足的发展，从始至终离不开对竞争对手进行深入的分析，正如《孙子·谋攻篇》中的"知己知彼，百战不殆；不知彼而知己，一胜一负；不知彼，不知己，每战必殆"。只有深入地了解对手，才能制定更合理的战略、战术，才能更有效地实施"进攻"，并进行周密的"防御"。

价值链分析：明确各项活动对业绩增长的贡献

企业盈利的逻辑通常是这样的：为顾客提供产品或服务—顾客为产品或服务买单—企业获得相应的价值回报。在这一"买卖"过程中，企业完成了销售行为，顾客的需求得到满足，各取所需，实现双赢。

遵从同样的商业逻辑，经历同样的流程，甚至拥有同样的销量，那为什么有的企业能逐渐壮大，有的企业却举步维艰？通过价值链分析，可以很好地解释这一现象。

价值链分析是迈克尔·波特在20世纪80年代提出来的，是一种直观地分析公司业务活动，以了解公司如何为自身创造竞争优势的方法。

波特认为，企业会从其在一项或多项价值链活动中做出的战略选择中获得竞争优势。也就是说，价值链是企业将投入转化为产出的一系列活动链，包含为产品增加价值的基本活动和支持活动。在每次活动中，产品都会获得一定的价值。通常，基本活动包括研发、生产、营销与销售、客户服务等；支持活动包括物流管理、人力资源、信息系统、组织基础架构（如组织结构、控制系统、组织文化）等。

价值链分析可帮助公司了解如何为某种商品或服务增加价值，以及随后如何以高于增加价值的成本出售其产品或服务，从而产生利润。

通常，人们习惯将企业内的很多活动作为一个整体考察，所以无法识别哪些环节或活动能提升企业的竞争优势；而价值链分析，就是把企业进行分解，通过考察单个环节或活动及它们之间的关系来确定企业竞争优势的来源。

具体来说，价值链分析要遵从以下三个步骤。

1. 确定主要活动和支持活动

价值链由主要活动和支持活动共同构成。它们包括产品或服务开发过程中所需的每一个动作，覆盖从原材料到最终产品的整个过程。

2. 分析活动的价值和成本

价值分析的主要任务是，针对之前确定的每一项价值活动，列举出相应的"价值要素"，即开展每一项活动时客户最为看重的方面。比如，如果企业正在思考电话接单的流程，那么客户将最有可能注重以下几点：对来电的快速应答、礼貌的沟通方式、对订单细节的迅速记录、快速且信息完整的问答及高效的问题解决；如果企业在思考交付专业服务的流程，那么客户将最有可能注重如下几点：解决方案是否精准而正确、是否基于最新的信息、是否阐述清晰且便于实施等。

在每项已经确定的企业活动边上，写下相关的价值要素。然后，依次写下为了向每一项要素提供最大化的价值所需要采取的行动或做出的改变。

也就是说，分析团队要充分讨论每一项活动，清楚它们是如何为客户和整个业务提供价值的。然后，让每一项活动与要实现的竞争优势进行比较，看其是否有助于实现这种优势。

在完成价值分析后，要了解活动的成本。比如，某项活动参与的人数是多少，某种原材料的成本是多少，等等。搞清楚这些问题，有助于确定哪些活动具有成本效益，哪些活动不具有成本效益。

3. 改进优化价值链活动

通过上述分析，可以看到在整个价值链中哪些业务表现优异，哪些业务可以改进，哪些业务可以去掉。如此，企业便可以调整自己的业务、行为与流程，以捕捉更多的商机，为目标市场提供最大价值。

通过活动分析、价值分析、改进与优化这三个步骤，以及后续的跟进行动，可以帮助企业了解内部哪些活动产生了竞争优势，找出管理的重点，从而帮助企业更加合理地管理内部的各项活动，减少或利用外部资源来管理非价值性活动，最终实现客户价值的最大化。

如果企业与一个或更多的客户之间保持着足够稳固的关系，那么有必要向他们展示价值链分析所得的结论，并获取他们的反馈。这不仅是一个确认结论是否正确的好方法，也是一个更好地理解客户真正需求的途径。

雷达图：直观了解企业的经营现状

雷达图，因其形状像雷达的放射波，且具有指引经营"航向"的作用而得名。它源于财务状况的综合评估方法，是一种较常用的战略分析工具。通过这种工具，企业可以对自身的财务状况和经营现状进行直观、形象的综合分析与评价，并掌握各项财务指标的变化趋势（图2-5）。

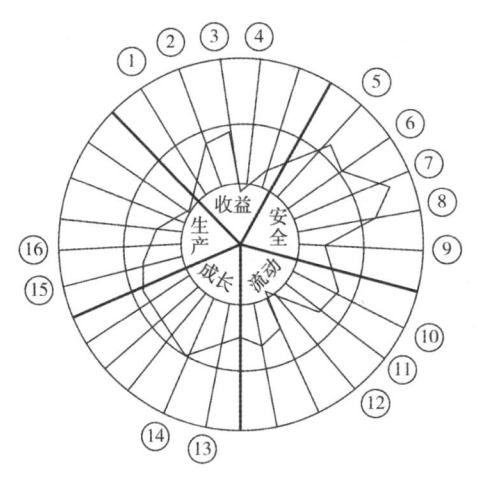

注：收益性指标：①资产报酬率；②所有者权益报酬率；③销售利税率；④成本费用率。

安全性指标：⑤流动比率；⑥速动比率；⑦资产负债率；⑧所有者权益比率；⑨利息保障倍数。

流动性指标：⑩资产周转率；⑪应收账单周转率；⑫存货周转率。

成长性指标：⑬销售收入增长率；⑭产值增长率。

生产性指标：⑮人均工资；⑯人均销售收入。

图 2-5 雷达图示意

在图 2-5 中，当指标值位于标准线（中间圆圈）以内时，说明该指标低于同行业水平，需要加以改进；如果接近最小圆圈，或者位于其内部，说明该指标非常差，是一种危险信号；如果处于标准线外侧，说明该指标处于较理想状态，体现了企业在这方面的优势。当然，并非全部指标都位于标准线外侧才是最好的，具体指标需要具体分析。

1. 雷达图的构成

雷达图有五个核心指标，又称"五性分析"：收益性、安全性、流动性、成长性及生产性。

①收益性指标。旨在观察客户一定时期的收益及获利能力。比如，资产回报率、成本费用率、所有者权益报酬率等都是收益性指标。

②安全性指标。指企业经营的安全程度，也可以说是资金流的安全性。分析安全性指标，可以理解为分析客户一定时期内偿还债务的能力。比如，资产负债率、所有者权益比率、流动比率等。

③流动性指标。代表客户资金的运作效率，可以看出一段时间内客户的资金流情况。常见指标有资产周转率、应收账款周转率、存货周转率等代表流动性的财务数据。

④成长性指标。代表客户经营能力的发展变化趋势，是对客户经营状况的动态分析。常见指标有产值增长率、销售收入增长率等。

⑤生产性指标。代表了客户一段时间内的生产经营能力、水平和成果的分配。比如，人均收入、人均销售收入等。

2. 雷达图的绘制

雷达图的画法比较简单，这里用财务五大指标举例。

①针对要分析的问题，设定一级指标与二级指标，并相应地计算二级指标的值，同时，计算或获取每个指标的行业平均值。

②画同心圆及扇区。先画3个同心圆，然后分成5个大小相等的区域。即每个区域72度，5个区域分别代表五大指标（收益性指标、安全性指标、流动性指标、成长性指标和生产性指标），最小的圆代表同行业平均水平的

一半，或者最差情况；中间的圆代表行业的平均水平；最外层的圆代表最佳，或者平均水平的二倍。

③计算结果并进行点标。每个扇形区从圆心开始以放射线的形式分别画出相应的二级指标线，并标明指标名称及标度，把计算出来的二级指标的值用点标在图上的二级指标线上。例如，财务雷达图中收益性的二级指标是资产报酬率、所有者权益报酬率、销售利润率、成本费用率，那该区就要画4条二级指标线，并将计算结果标在线上。每条二级指标的比例尺并不相同。

④连接标注点，画出指示线。依次连接所有相邻二级指标值点，形成不规则闭环图，这就直观地反映了企业的状况。如果多边形位于标准线内，说明经营比较差，要找出原因并分析问题；如果接近最小的圆，说明已非常危险；如果位于外面的大圆，则体现了优势所在。当然，并不是所有的指标都需要超过行业平均水平，也并不是说，超过行业标准线一定是好事，还是要根据具体指标、客户所处的发展阶段等，进行具体分析。

雷达图不仅可以用在财务领域，也可以用在其他领域，那如何判断某些场景是否可以使用雷达图呢？标准很简单，只要被分析的对象可以被划分成几个维度，同时，可以建立起可量化的参照标准，就可以使用雷达图。例如，企业创新能力、企业战略规划能力、企业流程管理能力等，都可以通过雷达图来展现。

【战略场景】×××科技公司的PEST分析

1. 政治法律环境

政治、法律环境对企业的经营状况有着重要影响。我国社会安定，人民安居乐业，是国际公认的最安全的国家之一。良好的政治环境非常有利于各个行业的健康发展。

在政策方面，国家大力扶持人工智能、大数据等新兴产业的发展，这为企业的发展带来了契机。与此同时，我国越来越重视发展、扶持民营经济，鼓励大胆创新，提高经济附加值，为企业的发展提供了有力的政策支持。

在法律法规方面，国家出台了一系列促进行业健康有序发展的政策与法规，一方面，限制了企业的一些不当行为，另一方面，也保护了企业的合理竞争与正当权益。×××科技公司要了解和遵守政府所颁布的各项法规、法令和条例。

在监管方面，政府加大了对××行业的监管，努力创造一个透明、公平、开放的市场环境。这不但保护了行业内合理竞争，也有助于行业的健康发展。

除此之外，国家为了保护××行业的民族企业，限制××产品进口数量，这为企业创造了主场优势，有助于企业专心搞研发，不断提升产品的技术含量与服务水平，以便早日打开国际市场。

2. 经济环境

经济环境是影响企业营销活动的主要环境因素。我国经济基本面良好，增长动力依然强劲，市场预期好转。

2021年，国内生产总值1143670亿元，比上年增长8.1%。全年最终消费支出拉动国内生产总值增长5.3个百分点。

与此同时，新产业新业态加速成长，在规模以上工业中，高技术制造业增加值比2020年增长18.2%，全年高新技术产业投资比2020年增长17%，高技术制造业市场空间不断拓展。

3. 社会文化环境

社会文化环境对人们的欲望和行为产生着重要影响，社会文化也在不同的层面上以不同的方式影响营销活动。

①人群特征。×××科技公司的主打产品针对的消费群体具有如下几个特征：一是年龄在25~35岁的年轻人；二是喜欢运动的人群；三是月收入在5000元上下的人群；四是有个人消费主见，追求时尚的人群。

②地理特性。×××科技公司的生产基地位于三线城市，但80%的产品用户在一线城市及江浙等经济发达地区，呈现出明显的区域特点。

③消费者行为与态度。大多数人之所以购买主打产品，是因为与同类产品相比，它极具性价比，而且售后服务体制完善。所以，该产品潜在的消费群体很大，市场前景广阔。

④价值观。我们还没有真正理解"90后"之际，"00后"已经开始占据主导，他们追求时尚、新鲜感、超前消费等。

⑤消费观念的转变。随着居民人均可支配收入的不断增加，人们的消费观念转变为追求时尚、简约与实用，所以性价比高的产品非常符合消费者的这些观念。

4. 科技发展环境

近两年，科技行业发展迅猛，新技术不断被应用，特别是一些标杆产品，不但为用户带来了极佳的视觉体验，而且极大地提升了操控的便利性。×××科技公司要借势行业发展，加大研发投入，力争将更多的新技术应用于下一代产品，以提升品牌形象与市场竞争力。

在当下的市场，虽然××等龙头公司的产品依然占据市场80%的份额，但是经过PEST分析，×××科技公司对未来的市场充满信心。接下来，公司将立足自身，进一步优化产品及营销战略，加大自主研发力度，通过提升产品品质与技术含量，来避免同质化竞争，规避外部风险。

第3章 战略选择：锁定发展路径的五大工具

从多维度「重识」战略选择，让全员共谋一张战略地图，统一战略目标、统一战略布局、统一战略路径，才能准确把握企业的市场方向，才能做出正确的战略选择，才能更好地发挥企业的竞争优势，实现可持续发展。

SWOT 分析：进行内外部信息匹配

外界的机遇与威胁，以及内部资源和能力决定了企业应选择怎样的战略。那如何准确、及时掌握这些信息呢？常用的方法是进行 SWOT 分析。SWOT 分析是指基于内外部竞争环境和竞争条件下的态势分析，因被一些世界知名企业运用并推广而知名。它可以帮助企业选择使内部资源、能力与外部环境需求一致的战略。

通常，企业选择战略的逻辑是这样的：首先要进行内外部信息的匹配，其次产生出几个备选战略，最后从中选出最适合的。

SWOT 的逻辑是，将与研究对象密切相关的各种主要内部优势、劣势和外部的机会、威胁等，通过调查列举出来，并依照矩阵形式排列，然后用系统分析的思想，将各种因素相互匹配起来加以分析，从中得出一系列相应的结论。

SWOT 分析图由两条垂直相交的直线及四个象限构成，四个象限分别为 S（优势）、W(劣势)、O(机会)、T(威胁)，如图 3-1 所示。

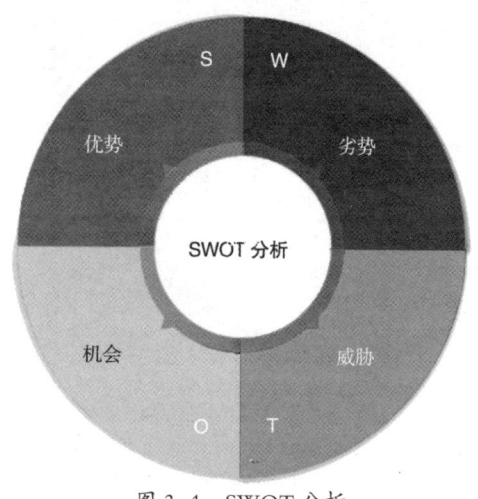

图 3-1 SWOT 分析

1.SWOT 的组成

SWOT，由四个英文单词首字母组合而成。

S（strength，优势）：是指超越竞争对手的能力或者指其所特有的能提高竞争力的东西。如较强的品牌影响力、雄厚的技术实力、领导者的战略意识与能力、平台价值较高、企业优秀的文化等。

W（weakness，劣势）：是指与其竞争对手相比，做得不好或没有做到的东西，从而使自己与竞争对手相比处于劣势。比如，营销能力比主要竞争对手弱，产品的用户体验差，售后环节存在诸多问题，等等。

O（opportunity，机会）：外部环境可以寻求的发展机会与拓展实现收获的可能性。比如，行业集中度提升，区域龙头企业逐步浮现，人们新的生活方式为企业转型发展创造了机会，等等。

T（threat，威胁）：外部因素及环境造成的风险与威胁。比如，行业内卷加剧，企业面临产业调整和升级压力，或是原材料价格上升，导致企业运营成本增加，等等。

2.SWOT 分析步骤

①环境因素分析。包括外部环境分析和内部环境分析两个部分。

②构造 SWOT 矩阵。将调查得出的各种因素填入矩阵图、按轻重缓急或影响程度等排序方式，构造 SWOT 矩阵。

③制定战略计划。包括战略、战术，及具体的路线图与方法。

3. 由 SWOT 分析衍生的四种战略

SWOT 分析的核心要点在于，公司战略必须使其内部能力（优势和劣势）与外部环境（机遇和威胁）相适应。基于这种关系，SWOT 分析可以衍生出四种不同的战略，即 SO 战略、WO 战略、ST 战略和 WT 战略。

①SO 战略。靠内部优势去抓住外部机遇的战略。比如一个资源雄厚（内在优势）的公司发现某一国际市场未曾饱和（外在机遇），就应该采取 SO 战略去开拓这一国际市场。

② WO 战略。利用外部机遇来改进内部弱点的战略。比如，一家对网络服务需求增长的公司非常缺乏相关技术人员，这时，就应该采取 WO 战略培养聘用技术专家。

③ ST 战略。利用公司的优势，去避免或减轻外部威胁的打击。比如，一家企业有庞大的销售网络，但是由于各种限制，又不能超范围经营，怎么办？那就采取 ST 战略，走多样化的道路。

④ WT 战略。直接克服内部弱点和避免外部威胁的战略。比如，某公司的产品质量一般，且供应渠道不可靠，这时可采取 WT 战略，以提高产品质量，稳定供应渠道。

4. SWOT 分析需遵循的原则

SWOT 分析是一种组合性分析，故不能只用一个空泛的目标作为分析的主题。通常，SWOT 分析应遵从如下几项原则：

①明确目标原则。SWOT 分析的目标必须是非常明确的，有较强的针对性，否则，分析的方向出了问题，一切后续发展都将成为空谈。

②相对性原则。优势与劣势，机遇与挑战，其实都是相对的，在某种条件下，优势和劣势及机遇与挑战是可以在极短时间内相互转化的。

③动态性原则。组织的优势与劣势及机遇与挑战并非一成不变，而是动态变化的。随着组织或者企业的不断发展，SWOT 的各种关系也可能会发生改变。

④系统性原则。SWOT 分析中的四个因素相互影响、互为制约。只有运用系统性思维，发挥优势、把握机遇，克服劣势、规避威胁，才能制定出最适合组织发展的战略。

作为帮助管理者进行内外部信息匹配的战略工具之一，SWOT 分析方法不是一成不变的，它会随着企业的发展而不断变化。所以管理者应动态地审视企业自身条件及外部环境，充分考虑现状和远景的差异，客观全面地认识变化趋势，这样才能得出更准确的分析结果。

SPACE 矩阵：定位企业的战略方向

SPACE 矩阵，即战略地位与行动评价矩阵（strategic position and action evaluation matrix），是一个帮助管理者进行战略方向定位、选择的分析工具。它在 SWOT 分析的基础上，通过确定两组具体反映客户外部的量化指标，更加准确地进行战略的选择和定位，是对 SWOT 分析的补充和完善。

SWOT 分析简单明了，但它有一个不足，就是"方向单一"。在 SWOT 分析中，反映外部环境机会与威胁由多个关键指标综合而成，而这些指标优劣的方向并不一致。例如，产业的发展潜力与产业的稳定性两个指标可能就不一致。同样，在 SWOT 分析中，反映企业内部条件优势和劣势也由多个指标综合而成，例如，市场份额与企业财务实力可能不一致。为克服 SWOT 分析的不足，SPACE 矩阵做了很大的改进。

1. SPACE 矩阵的构成

SPACE 矩阵包含内部战略处境与外部战略处境，而内部战略处境包括财务优势（financial strength，IS）与竞争优势（competitive advantage，CA）两个维度，外部战略处境包含环境稳定性（environmental stability，ES）与产业优势（industrial superiority，IS）两个维度。另外，每个维度均有其考量指标。通过对四个内外部因素的评价，企业可以制定四种不同战略，分别为进攻型、竞争型、防御型和保守型。

SPACE 矩阵模型被认为是 SWOT 分析的升级版，在运用该模型时，需要考虑多个维度下的多个指标因素，实现更准确地定位。SPACE 矩阵框架如图 3-2 所示。

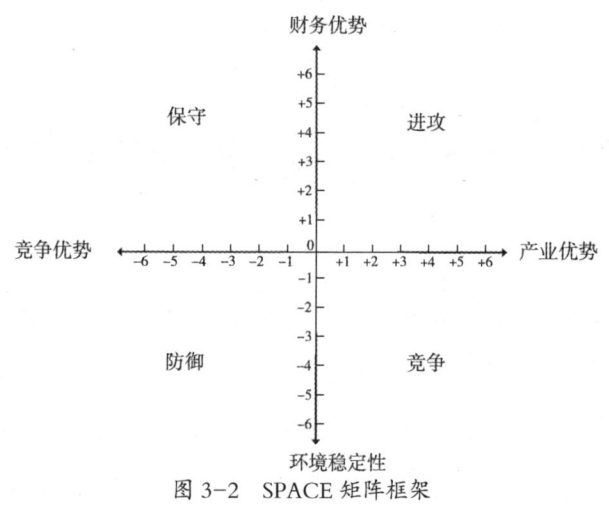

图 3-2 SPACE 矩阵框架

2. SPACE 分析的步骤

在进行 SPACE 分析时，需按照以下六个步骤进行：

①选择构成财务优势、竞争优势、环境稳定性和产业优势的一组变量。

②对构成财务优势和产业优势的各变量给予从 +1 到 +6 的分值，对构成环境稳定和竞争优势的各变量给予从 –1 到 –6 的分值。

③将各数轴所有变量的分值相加，再分别除以各数轴变量总数，从而得出财务优势、竞争优势、环境稳定性、产业优势各自的平均分数。

④将财务优势、竞争优势、环境稳定性、产业优势的平均分数标记在各自的数轴上。

⑤将横轴上的两个分数相加，把结果标在横轴上。将竖轴上的两个分数相加，把结果标在竖轴上。标出横轴与竖轴数值的交点。

⑥找到横轴数值与竖轴数值的交叉点，画一条从矩阵原点至该交叉点的向量，该向量表明了企业可采取的战略类型，包括进攻、竞争、防御或保守。

假如某企业经过 SPACE 矩阵分析，结果如图 3-3 所示，其战略取向应为保守型。

图 3-3 某企业的战略取向

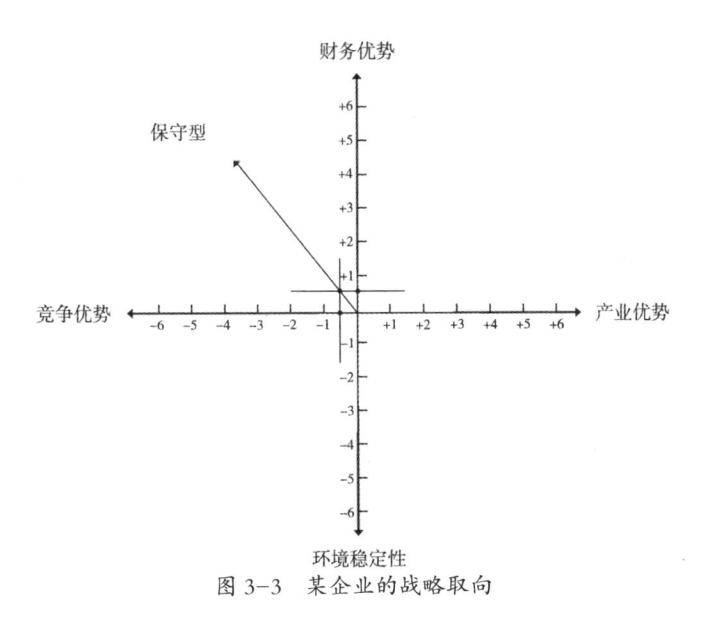

3. 四种战略模式

经过上述定量分析，SPACE矩阵可生成以下四种战略模式：

①进攻模式。如果向量位于进攻象限，说明企业拥有绝对优势，处于绝佳位置，可以充分利用内外部优势促进发展。横向一体化、纵向一体化、市场渗透、市场开发、产品开发等战略适合该情况。

②保守模式。如果向量处于保守象限，说明企业应该围绕自身基本核心能力开展业务，不能急于求成和冒险，可采取市场渗透、市场开发、产品开发等战略。

③防御模式。如果向量处于防御象限，说明竞争优势较弱，环境稳定性较差，这时企业应集中力量克服内部劣势，规避外部威胁，可采取紧缩、剥离、结业清算、集中化多元经营策略。

④竞争模式。如果向量处于竞争象限，表明企业应该参与到行业竞争当中，可采取纵向一体化、横向一体化、市场渗透、市场开发、产品开发等战略。

SPACE矩阵是一种科学的分析方法，来源于过往对于工业企业经验的总结。但在使用过程中，要结合所研究对象的实际情况和企业特点，灵活选取适当的变量进行分析，并对最终的结论做适当的调整与修正，不能太过教条。

波士顿矩阵：决定企业的产品组合战略

如今，为了更好地满足消费者的多样化需求，企业的产品结构及其种类须适应市场的快速变化。也就是说，企业在制定战略时，必须要考虑产品在目标市场的占有率和增长率。波士顿矩阵可以帮助企业快速调整产品策略，以在激烈竞争中获得优势。

那什么是波士顿矩阵呢？波士顿矩阵是一种企业战略选择工具，又叫作市场增长率—相对市场份额矩阵，主要用来分析产品市场增长率和市场占有率。波士顿矩阵由波士顿咨询公司创始人布鲁斯·亨德森于1970年提出。他认为，一家企业要想获得持续发展，必须要拥有"市场增长率"和"相对市场份额"各不相同的产品组合。因此，他画了一个四象限图，并给每个象限起了一个名字，分别是现金牛、明星、问题和瘦狗，对应四类不同的产品。这样，波士顿矩阵就诞生了（图3-4）。

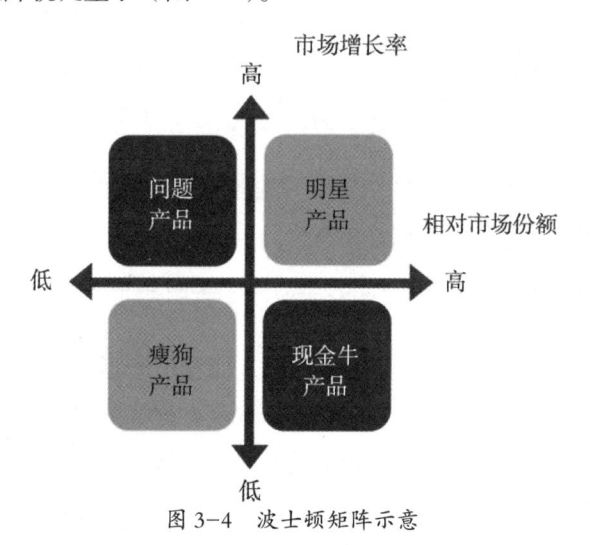

图3-4 波士顿矩阵示意

第3章 战略选择：锁定发展路径的五大工具

1. 产品及对应策略

下面来介绍四个象限中的产品，以及分别对应的战略。

①现金牛产品。现金牛产品有很高的利润率和销售量，可以说是企业利润的主要来源，这类产品的相对市场份额较高，故再提高市场增长率比较难。

对应战略：采取稳定战略，维持市场份额，同时将该类产品的一部分利润拿来研发其他产品。

②明星产品。一般指非常有市场潜力的新兴产品，其市场占有率增长迅速，且拥有一定的市场份额。例如，苹果公司的智能手表 Apple Watch 就属这类产品。

对应战略：采取增长战略，把它逐渐养成现金牛。

③问题产品。这类产品的发展方向不定，相对市场份额极小，但市场增长率比较快。

对应战略：可以考虑采取增长战略让它变成明星产品，或是采取收割战略，让它变成瘦狗产品。

④瘦狗产品。从名字就可以看出来，这类产品市场占有率低，且前景不被看好。

对应战略：调整产品策略，尽快将该类产品砍掉，防止投入过多的资源。

2. 波士顿矩阵的分析方法

要正确运用波士顿矩阵，需把握好以下五个关键步骤：

①客观评价各类产品的市场前景。这里的"市场前景"，可以量化为"市场增长率"这一指标。这一数据可以从企业的经营分析系统中提取。

②评价各类产品的竞争力。"竞争力"可以用"相对市场份额"这个指标来表示。为了得到准确的数量，需要做详细的市场调查。通常的计算方式是，用某类产品的收益除以最大竞争对手同类产品的收益。

③标明各类产品在矩阵图上的位置。具体方法是：以产品在二维坐标上的坐标点为圆心画一个圆圈，圆圈的大小来表示企业每项业务的销售额。分析到这一步，大体可以看出公司的产品组合是否有竞争力了。一个失衡的产品组合，会包括众多的瘦狗类或问题类产品，或太少的明星类和现金牛类产品。

④确定纵坐标"市场增长率"的一个标准线，并将"市场增长率"划分为高、低两个区域。

⑤确定横坐标"相对市场份额"的一个标准线，并将"相对市场份额"划分为高、低两个区域。

3. 优点与局限性

和其他分析工具或方法相比，波士顿矩阵也存在明显的优点及相应的局限性。

①波士顿矩阵的优点。首先，该矩阵用两个客观标准评估一个企业活动领域的利益：市场的增长率和企业在该市场上的相对份额。这些都是可以量化的，故得出的结果比较客观，能在很大程度上反映企业的真实状况。其次，分析方法简单明了，便于各类管理人员使用。

②波士顿矩阵的局限性。在分析过程中，该矩阵是基于这样一种假设：各业务之间，或是各类产品之间是相互独立的，其实，许多企业的业务、产品是相互关联的。如果现金牛类产品和瘦狗类产品是互补的产品组合，那么，放弃瘦狗类产品，现金牛类产品也将受到影响。

在战略选择实践中，管理人员要将波士顿矩阵法与其他数据模型结合起来使用，以便准确地掌握产品结构的现状，预测未来市场的变化，并选择有针对性的发展战略，使企业的内外部资源得到更高效、合理的利用。

EVA管理：保持战略决策与股东财富一致

在讲EVA之前，先做这样一个假设：

如果你手上有50万元现金，想做些投资，考虑过购买债券及基金，做这样的投资，乐观估计每年可获得8%的利润。但是，你一直有一个当老板的梦想，于是用这笔资金开了一家小吃店，一年的时间，实现了200万元的销售额，和20万元的税后利润，与投资债券和基金的10%的预期收益相比，多赚了15万元。如果你之前投资债券和基金，预期收入是5万元，那么就会少实现15万元的盈利。这种分析方法就是EVA。

1.EVA的概念

EVA，是经济增加值（economic value added）的简称，又称经济利润、经济增加值，它是一种业绩评价指标，全面考虑了企业的资本成本。EVA的本质是企业经营产生的"经济"利润，其等于公司每年创造的经济增加值，等于税后净营业利润与全部资本成本之间的差额。EVA评价指标为正，表明企业为股东赢得了新利润、创造了价值；EVA评价指标为负，表明股东投入的资本"缩水"、企业损害了股东的价值。

EVA评价指标完全站在了出资人的立场上，它更加关注股东资产的净增加值。它的评价指标更能准确地反映企业经营业绩的实际情况，更能使企业经营管理者贴合实际地制定战略目标。

2.EVA的计算方法

EVA的计算并不复杂，基本都依赖于公司财报数据。

经济增加值 = 税后净营业利润 − 资本成本

资本成本 = 调整后资本 × 平均资本成本率

税后净营业利润 = 净利润 +（利息支出 + 研究开发费用调整项

– 非经常性收益调整项）×（1–25%）

调整后资本 = 平均所有者权益 + 平均负债合计 – 平均无息流动负债

– 平均在建工程

其中,"利息支出"是指企业财务报表中"财务费用"项下的"利息支出";"研究开发费用调整项"是指企业财务报表中"管理费用"项下的"研究与开发费"和当期确认为无形资产的研究开发支出。"非经常性收益调整项"包括：变卖主业优质资产收益、主业优质资产以外的非流动资产转让收益、其他非经常性收益。"无息流动负债",是指企业财务报表中"应付票据""应付账款""预收款项""应交税费""应付利息""其他应付款"和"其他流动负债"。

"在建工程"是指企业财务报表中的符合主业规定的"在建工程"。

3.EVA 的优势

在现实中，很多企业在不同的业务流程中，经常使用不一致的衡量指标，例如，在进行战略规划时，收入增长或市场份额增加是最重要的；在评估个别产品或生产线时，毛利率则是主要标准；在评价各部门的业绩时，又会根据总资产回报率或预算规定的利润水平……

EVA 结束了这种混乱状况，只用一种财务衡量指标就联结了所有的战略选择与决策过程，并将公司各种经营活动归结为一个目的，即如何增加 EVA。EVA 管理既适用于企业层面，也适用于部门层面，甚至对于项目或产品的业绩考核同样适用。除此之外，它还能够对企业在一定时期内创造的业绩进行"动态"计量，是一种可以被广泛运用的，科学、合理的价值管理体系。

EVA 体系中的各个指标是站在投资人角度设计的。该体系认为，投资者至少应获得其投资的机会成本，只有当会计利润大于资本成本，才有经济增加值。这好比你手上有一笔钱，如果拿去买稳健的理财产品的收益比投资某个企业的收益好很多,那你就会认为"这个企业没有投资价值"。基于此,判断一个企业是否有投资价值,主要看这家企业是否能够创造价值,经济增加值的持续增长,意味着企业价值的不断增加和所有者权益的持续增长,即EVA在企业战略选择中的价值所在。

安索夫矩阵:决定产品和市场的发展方向

安索夫矩阵(Ansoff Matrix),又称产品/市场成长矩阵,主要用于企业成长战略分析。与波士顿矩阵一样,安索夫矩阵也运用了象限思维。它的创作者是被誉为战略管理鼻祖的伊戈尔·安索夫,他对战略管理有着开创性研究,并首次提出了"公司战略""战略管理""战略规划"等概念与理念。

安索夫认为,战略管理与过往经营管理有着根本的不同,战略管理是面向未来的,而且是动态地、连续地完成从决策到实现的过程。他将经营战略定义为企业为了适应外部环境,对正在从事的和将来要从事的经营活动进行的战略决策。所以,安索夫认为企业战略的核心应当是:明确自己所处的位置,界定自己的目标,清晰列出为实现这些目标而必须采取的行动。

基于上述理论,他设计了安索夫模型,这个模型的核心是通过对企业和市场进行分析,来选择或确定有效的企业战略。

安索夫矩阵把产品和市场作为两大基本维度,以2×2的矩阵代表企业企图使收入或获利成长的四种管理策略(图3-5),即市场渗透策略、产品拓展策略、市场拓展策略、组合策略。

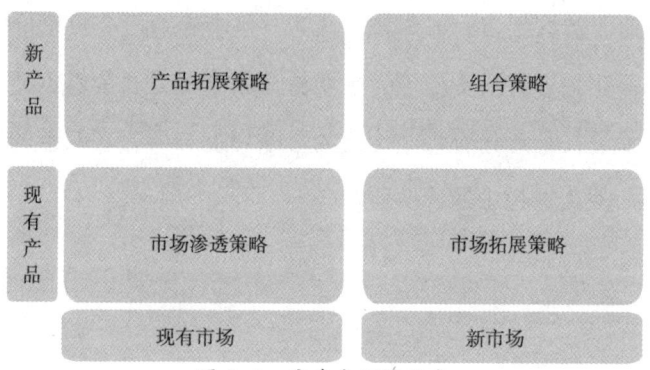

新产品	产品拓展策略	组合策略
现有产品	市场渗透策略	市场拓展策略
	现有市场	新市场

图 3-5　安索夫矩阵示意

1. 安索夫矩阵及四种策略

通过安索夫矩阵可知，企业在选择发展战略时，需考虑两个维度的因素，即要生产什么产品，以及你要进入什么市场。不同的产品与市场组合，对应不同的发展战略。

①现有产品+现有市场：市场渗透策略。以企业的产品市场组合为发展焦点，力求增大产品的市场占有率。一般可以通过促销或是提升服务质量等方式说服消费者改用不同品牌的产品，或通过说服消费者改变使用习惯、增加购买量等方式提高市场占有率。

可以采用的方法有：通过降价实现薄利多销，大幅提高销量，从而提高总收入；在价格不变的基础上提升产品的服务品质，提高销量，从而提高总收入；改变使用习惯从而增加购买量，从而提高总收入等。

在现实的商业场景中，这样的案例也有很多，加多宝和王老吉之间的竞争就是如此，在产品宣传上，你找知名的电视节目冠名，我就找媒体做广告，你送顾客大礼，我就搞大促销，其实，最终的目的都是争夺凉茶饮料的消费者。

②现有产品+新市场：市场拓展策略。企业必须在不同的市场上找到具有相同产品需求的顾客，在这一过程中，产品定位和销售方法会有所调整，但不必改变产品本身的核心技术，在使用市场开发策略的时候，注意事先研判新市场中是否存在具有相同产品需求的使用者。

比如，一些在线课程的网站，不断推出新课程，"课程"就相当于"产品"，只有不断在原有市场上推出新课程，才能获得更多的购买群体。

③新产品＋现有市场：产品拓展策略。推出新产品给现有顾客，采取产品延伸的策略，利用现有的顾客关系来借力使力。通常是以扩大现有产品的深度和广度，推出新一代或是相关的产品给现有的顾客，提高该企业在消费者钱包中的占有率。

在运用这种策略时，公司需要通过产品定位的创新去迎合新市场消费者的需求，或者是通过销售方式的调整、市场宣传的针对性加强，去激发新市场的需求。

④新产品＋新市场：组合策略。组合策略，也可以理解为是多元化经营策略，指企业向本行业以外发展，实行跨行业经营。这种战略的风险最大，因为在新的行业里，企业原来所建立起来的竞争优势几乎不复存在，该战略比较适合成熟的行业。

企业实施组合策略时，一定要慎重，需要对拥有的市场能力和产品技术进行有效评估，并引入目标领域的人才或产品来支持多样化业务的开展。

在现实的商业场景中，实施组合策略最典型的当属乐视了，从网络视频到电视，从手机到汽车……每次增加新的产品线时，最明显的一个动作，就是直接通过股权激励的方式引入该领域的高端人才。

2. 运用安索夫矩阵的步骤

在运用该矩阵时，通常会按照"市场渗透—市场拓展—产品拓展—组合经营"的顺序进行分析。

①考虑在现有市场上，现有的产品是否还能得到更多的市场份额。企业要将老产品、老客户这两个方面作为基础进行考虑。

②考虑是否能为其现有产品开发一些新市场。所使用的产品还是自己的，质量可控，面对新市场会需要一些经营销售策略的调整，有一定难度。

③考虑是否能为其现有市场发展若干有潜在利益的新产品。这时就是依

托自身在老市场上的影响力推出自身的新产品,当然,相对于调整市场销售策略,设计新产品的成本更高。

④考虑能否利用自己在产品、技术、市场等方面的优势,在新领域开辟市场。由于在产品和市场上都是新的,难度也最高,所以需要投资者慎重考虑。

安索夫矩阵是较为简单的工具,适用场景也较为广泛,使用门槛也较低。特别是企业的管理者,当对于产品/市场还不太确定的时候,可以使用它来帮助自己明晰接下来的行动方向与策略。

【战略场景】珠海格力电器的战略选择

在我国,"格力"家喻户晓,它是珠海格力电器股份有限公司的一个品牌。公司自1991年成立以来,始终坚持"自主创新"理念,凭借领先的核心技术、严格的质量管理等享誉世界。

提到"格力",人们会不自主地联想到被做到极致的空调,似乎"格力"就是为空调而生,其实不然。最近几年,随着中国空调市场逐渐趋于饱和,格力的空调很难再像过去那样,每年都保持着非常高的市场增长率。加之,格力电器开始多元化布局,要做全系列的家用电器企业。所以,空调不再是格力唯一口碑过硬的产品,格力也不会再被空调"绑架",正如董事长董明珠所说:"过去我提出的口号是'好空调格力造',现在我们提出的是'好电器格力造'。"

其实,这不只格力去单一化的一种宣言,更是一种新的战略路径的选择。在发展过程的每一个阶段,格力都会根据市场及时调整发展路径,并明确战略方向与发展路线。这也为企业的成功提供了有力的支撑。

从创业之初至今，格力主要经历了四次重大战略路径选择。了解格力的这些战略选择，对一些传统企业的转型升级有重要的借鉴意义。

1. 路径———从"农村包围城市"到"提供一条龙服务"

成立之初，格力采用的一个主要战略就是"农村包围城市"。当时，一些知名的空调品牌，如"春兰""华宝"等牢牢占据着市场，其销售网络覆盖了全国各大中城市。为求生存，格力着重在这些品牌销售薄弱地区发力，构建自己的销售网络，经营专卖店。比如，在安徽省、江西省、湖南省、河南省、河北省等地树立品牌形象，不断巩固市场。

在不断进行市场渗透的同时，格力扩大生产规模、提升产品与服务质量、降低生产成本，很快就在空调市场占有一席之地，并逐步建立以专卖店和机电安装公司为主的销售渠道，形成集销售、安装、维修于一体的一条龙服务。

2. 路径二——从"要制造好空调"到"要成为智造先锋"

研究格力，必研究格力的空调。格力通过流程标准化、精益化生产的方法打造了一个高效的生产体系。这个生产体系可以保证空调产品的质量，使格力成为国内空调行业的龙头及全球知名品牌。但是，格力并没有止步于此。

最早，格力的自我定位是"生产销售空调器、自营空调器出口及其相关零配件的进出口公司"。2016年7月，格力计划开辟新的发展路径——不仅造好的空调，还造好的电器，致力成为智能制造的先锋，乃至成为一家面向未来的高科技公司。

在2018年，格力电器的发展战略更加清晰，格力电器要做一家多元化、科技型的全球工业集团，覆盖空调、生活电器、高端装备和通信设备四大领域。从此，格力开始逐渐淡化"空调"这个单一的品牌符号。

3. 路径三——从"打价格战"到"选择差异化战略"

在市场竞争激烈、产品同质化严重的家电领域，格力电器注重技术创新和产品的差异化,实行差异化竞争战略,从而在家电市场获得竞争优势。

格力电器的差异化战略主要包括以下内容:

(1) 产品策略

①新产品功能策略。特别是近些年,空调销量不断增加,而铜、铝等原材料价格在高位运行,人力成本的增加和空调新效能标准的提出促使空调行业发生分化,格力电器通过实施差异化战略将产品细化,如将空调分为精品、变频、节能等系列,以更好地满足消费者的个性化需求。

②新产品开发策略。格力电器将节能、绿色环保植入企业理念,还建立了低碳研究讨论组,在节能产品的研发方面,成立国家级的技术研究中心,实行技术中心主任责任制。

(2) 定价策略

随着空调行业集中化程度提升,空调行业已经从价格、渠道低层次的竞争迈向品牌、技术高层次的竞争,差异化的产品竞争为增强格力实力提供优势,"环保、高效"已替代"价格"成为空调产品竞争的重要内容。

(3) 渠道策略

最初,格力电器提出"以经销商大户为中心"的渠道模式,后来又提出"区域性销售公司"模式,用高利润空间和优质空调品牌吸引经销商,在渠道管理上对各销售公司开展营销活动。

4. 路径四——从"掌握核心科技"到"让世界爱上中国造"

自主创新能力是工业制造企业的制胜法宝。董明珠曾坦言,最核心的技术只有掌握在自己手里,企业才能有底气。多年以来,格力一直坚持自主创新,逐步建立起全球顶级的创新体系,搭建起"中国造"的基础工程,凭借多年在自主创新上的研发投入和深耕细作,格力一步步发展壮大。尤其在空调的变频、智能、降低噪音和节能等技术研究领域,格力始终站在世界同行业的前列,产品受到国际市场的认可。

技术的创新让格力加速了国际化的步伐,提升了格力品牌在当地人民心目中的形象。以格力进入巴西市场为例，格力引进了巴西第一条分体式空调生产线，改变了巴西空调市场窗式机占主导的局面，提高了空调使用的能效。

2020年3月，总投资150亿元的格力电器高栏产业园项目正式签约动工。这是格力全球化战略布局的重要一环。高栏产业园项目兼具海陆空三维空间的运输优势，可满足格力海外市场的销售需求。

随着格力品牌获得越来越多的国际认可，其产品出口遍及世界100多个国家和地区。在海外组织架构方面，公司先后成立自主品牌管理中心、国际工程（项目）服务中心、海外电商管理中心、海外技术服务中心等海外销售服务机构。在人才培训方面，格力强调要建设面向市场需要、支持销售全球开拓的人才队伍。可以说，致力打造世界级品牌的格力电器正在大踏步走向世界。

如今的格力之所以能在竞争激烈的市场上占据一席之地，不仅与其强大的产品研发能力与过硬的产品质量有关，也得益于其能快速适应市场变化的战略，可以说，高效的战略管理与运营能力也是格力的核心竞争力。

第4章 战略规划：构建清晰的战略逻辑架构

走错路不可怕，可怕的是不知道自己走错路！反方向定律给了竞争对手二倍速发展机会，故企业应该避免低效勤奋，多在战略上进行思考和研究。准确地规划企业的战略与执行团队的发展方向，可以极大地降低经营风险。

确定清晰的战略意图

在风云变幻的商界,企业要想在市场上生存、竞争、发展,最重要的是什么?是进行战略管理。其中,战略规划是战略管理的核心之一。战略规划是指对重大的、全局性的、基本的、未来的目标、方针、任务的谋划。

古人云:"不谋全局者,不足以谋一域;不谋万世者,不足以谋一时。"《孙子兵法·始计篇》开宗明义:"兵者,国之大事,死生之地,存亡之道,不可不察也。"这都很好地解释了战略规划的重要性。

要做好战略规划,必须要先明确战略意图。战略意图是雄心勃勃的宏伟梦想,是企业的动力之源。大到国家间交往、社会治理,小到企业管理、个人成长等,其实都离不开战略意图。战略意图清晰,就会少做或不做无关的事,这样时间的使用效率就会很高。

很多企业不愿意花时间在战略研究和规划上,这会导致一个什么结果呢?那就是企业缺少清晰的战略意图,步入了发展的死胡同,或是偏离了正常发展的轨道。有些知名的企业,由于行业地位领先,市场份额高,在行业没有发生大的变化时,过得非常滋润,但当市场发生剧烈,甚至是颠覆性变化时,一夜之间就可能崩溃。今朝有酒今朝醉,看不清行业大势,不能未雨绸缪,没有确定清晰的战略意图,注定很难赢得新时代下的商业竞争。

那该如何确定战略意图呢?关键要把握好三个方面。

1. 明确企业的愿景与使命

对于企业来说,一定要有明确的使命和愿景,而要做到这一点,必须要清楚两者的区别,以及与价值观的关系。

首先,什么是使命?使命是通向未来的路,是企业对未来发展终极目的的阐述,是存在的理由,也就是"我为什么要去做"。在使命制定的框架中,更多地去考虑企业对社会的责任、对消费者的责任、对员工的责任、对合作者的责任、对股东的责任……

其次,什么是愿景?愿景是企业在未来要能达到的一种理想状态的蓝图,阐述的是企业存在的最终目的。回答的是"去哪里"的问题。愿景是关于理想的一幅独特的画面,它面向未来,可以为众人带来共同利益。例如,华为的公司介绍里面有一句话:"华为的愿景与使命是把数字世界带入每个人、每个家庭、每个组织,构建万物互联的智能世界。"

最后,什么是价值观?它是基于组织的愿景、宗旨和使命等,对所预期的未来状况所持的标准观念。回答的是"怎么去"的问题。

企业制定的使命、愿景、价值观,要简单明了,激励人心,根据需要也可以迭代和更新。对于企业而言,只有绝大部分员工的个人使命、愿景与价值观趋同时,整个企业的战略意图才可能形成。

2. 确定战略目标

战略目标,即企业中长期的指向性和方向性目标,是对企业发展的一种总体设想,它的着眼点是整体而不是局部。战略目标要反映企业发展的速度和发展质量的要求,必须是具体的、明确的、可衡量的目标。

①发展速度。常用销售额、销售收入、销售量/增长率、市场份额/地位表示。

②发展质量。常用利润、资产收益率、利润率表示。

③发展支撑目标。常用投入产出比、人均效益、客户满意度、资产周转率表示。

在确定战略目标时,一定要有牵引性。比如,一家公司的一些产品做到了行业前三,在制定战略规划时,对于还没有进入行业前三的产品,公司的目标是:成为行业 TOP 3。

3. 确定近期目标

很多企业在战略上除了那些愿景、理念，没有具体的近期目标。正如德鲁克所说："很多组织误将好的意图当成了具体目标。"近期目标是一个具体目标，且业绩可以被衡量，它们可以是收入、利润、增长率、市场份额、客户满意度，以及新产品收入等。当然，企业也不能为了制定目标而定目标，也不能确定一个缺少挑战性的目标。

综上所述，战略意图不是一个模糊的定位，不是简单地要"成为什么""实现什么"，而是既要与企业使命、愿景、价值观保持同频，也要与企业长、中、短期目标共振。如此，"战略意图"才不会成为一个空洞的概念，而会成为企业可落地战略的一部分。

战略规划的基本原则

企业战略是对企业未来发展方向、目标等进行的规划，落地后才能最终发挥价值，所以在战略设计过程中，不仅要立足于企业自身现有资源和条件，还要根据实施过程与结果的评价和反馈及时调整。

在具体的战略规划过程中，应坚持五个基本的原则。

1. 客户价值原则

在做战略规划时，先要让企业回到原点，即明确企业存在的价值是什么。要么帮助客户提高幸福指数，要么帮助客户降低痛苦指数。换句话说企业必须有其独到的价值来帮助客户，否则企业的存在没有任何意义。只有当一个企业树立了明确的利他理念，这个企业才会有生命力，才能赢得客户的尊重和信任。一个没有正确想法的企业是不可能持久的，即使赚了钱也是暂时的。因此,要紧紧围绕为客户创造价值这个原则来进行战略规划。

2. 差异化原则

很多企业的战略规划都是千篇一律,没有自己的特色,究其原因,其战略都是靠模仿、抄袭得来的,比如,一个餐饮企业的战略规划,与一个做皮毛生意的商家的战略规划,可能只是在某些字眼与提法上不同,整个营销思路、战略意图都如出一辙,那这样的战略规划意义何在?每个企业都有自己的特点,都有自己的活法,即使是处于同一行业、做同样产品的两家企业,其生意经也是不同的,每个企业对市场的感知、对战略的理解、对机会的把握等不尽相同。总之,做得好的企业,一定是因为其拥有同行不具备的某些特色,能为大众提供有针对性的差异化体验与价值。说到底,这都源于战略思维,说得再具体点,就是战略规划。试想,你连想都想不到,又怎么能做得到呢?

3. 竞争导向原则

战略规划要立足于市场竞争,即要有助于提升企业的市场竞争力。这就需要在规划过程中,对自己有一个清晰的市场定位,即在选定的目标市场上出类拔萃、鹤立鸡群,有自己鲜明的个性和独特之处。另外,要客观、理性、全面地分析对手,没有针对竞争对手的分析,没有针对竞争对手的对策,那这样的规划是不完整的。那如何做这方面的分析呢?可以用前面讲到的SWOT分析法,即从优势、劣势、机会、威胁四个维度来更好地认识自己,认识行业,认识竞争对手,从而提前制定好应对的策略。

4. 目标引领原则

在进行战略规划时,可以遵循这样一个基本的思路:先有目标,然后根据目标制定实现目标需要采取的战略,最后制定实施战略的具体规划。循着这样的思路来进行管理,会养成一种战略思维的习惯。

当然,这种目标是一个心理预期的目标,不是确定下来的。然后通过战略分析，在充分了解行业的发展趋势和市场潜力，以及自身的资源能力后，再对心理预期的目标作出调整，最后确定企业的经营目标。因为企业的经营目标一旦确定，在一个经营年度内是不可以随便进行调整的。

5. 可操作性原则

很多企业的战略规划都流于形式。一是因为企业对战略管理的理解不够，觉得战略就是"假大空"的东西，所以很难将战略管理落到实处。二是因为企业对战略规划重视不够，好像规划是做给投资人或是企业高层看的，而不是为了企业的长远发展。好的战略规划，一定要有可操作性。如何使战略规划具有可操作性呢？关键有三点：一是不要生搬硬套教科书上的模型；二是做好年度计划和战略规划的结合；三是以财务预算管理和目标责任制作为年度计划的支持。

战略制定者必须具有最新的战略理念，审时度势，形成富有特色的战略新思路。同时，在战略制定的整个过程中，要严格遵循上述原则，以保证制定战略的正确性、科学性和合理性。

制定战略规划的流程

在实际运营中，很多企业特别是小微企业，根本没有清晰的战略规划，即便有规划，也多为老板的一些个人谋划，这些所谓的战略规划，从编制流程到最后的成文都很不规范，随意性很强。

从整体上看，战略可以分为三个层次：总体战略、业务战略、职能战略。无论是哪个层次的战略，在进行相关的规划时，都应遵循相应的流程与操作规范，这样可以确保规划的指导性与可操作性，也方便进行数据化、系统化、流程化。

通常，编制高质量的企业战略规划，应遵循以下十个步骤。

①规划编制准备。战略规划编制是一个系统工程，需要多个部门参与，领导集体决策。战略规划工作启动前，明确领导小组和工作小组成员及责任分工，明确规划工作的计划。

②资料收集整理。在开始进行战略规划时，需要收集与企业、行业、市场等相关的资料，如有关的政策法策、行业研究报告、产品与市场分析报告等。为此，可以事先列一个清单。另外，也可以让合作伙伴等提供可支撑文件和战略思路意见，通过外部单位或网站搜集整理可用信息。

③内外环境分析。在专职人员对资料分类之后，请有经验的战略管理专家进行分析和方案撰写，包括外部宏观环境、区域环境，以及企业涉及的各细分行业的分析，找出企业未来发展面临的机遇和挑战。与此同时，还要对内部资料进行分析，并结合对标企业，梳理自身的核心资源能力和发展存在的问题。通过内外部环境分析为后续明确规划方向提供基础。

④拟定规划提纲。为了提升分析的准确性，便于事后形成一份详细的分析报告，一定要拟定一个完整的规划提纲。提纲可以采用三级目录的形式，并将内外部环境分析的核心观点、战略的初步思路列到提纲中，明确后续需要讨论的重点，保证方案架构的完整性。规划提纲作为方案的灵魂，需要在内外部环境分析的同时，不断进行调整和完善。

⑤规划方案撰写。通过对内外部环境分析，确定企业的战略框架。这个框架主要包括：战略定位、总体思路、发展目标、产业布局、产业规划、业务举措、发展节奏、战略保障等，以这个框架为基础撰写方案。

⑥关键点研讨。梳理战略规划中存在争议、疑问的关键点，比如业务选择、发展目标、落地路径等作为研讨内容。最好听取多方意见，组织相关领导、部门和主要客户进行全面、深入的研讨。为提高研讨效率，需会前准备研讨材料作为讨论支撑内容，有效引导研讨。

⑦方案修改完善。每一轮研讨结束后,要对研讨结果进行梳理,这是因为在研讨过程中,不可避免地会产生分歧。大家的分歧是什么,各方的观点又是什么等,都要记录下来并交给规划工作领导小组,最后由领导小组决定如何修改或完善规划方案。

⑧方案评审定稿。评审应从两个方面进行,首先组织精干的外部专家队伍,让其结合企业实际情况对方案进行评审,外部评审结束后,再组织内部人员对专家的评审结果进行斟酌、讨论,以确定要调整的内容,然后修改方案并定稿。

⑨规划发布。完成上述八个步骤后,规划的内容就全部完成。接下来,要正式发布规划内容,以引起各层级人员的重视,使规划被更好地执行。

⑩规划宣贯。战略发布以后,不要将其束之高阁,而要进行各个层级的宣贯,让全员形成共识。

综上所述,战略规划不是一个短期的,或是随机的行为,而应严格遵循一整套的操作流程。一般来说,在编制工作完成后,短时间内不可随时调整、删减内容。如需变动,也要召开相关的会议,在管理层或是全员上下取得共识后再进行调整。当然,为了便于企业根据自身情况及市场变化定期调整战略规划,须建立反馈与控制机制,在战略即将失灵时予以必要的调整。

BLM管理模型:"五看"+"三定"

一家企业在高速发展时,一些影响其长远发展的问题往往会被掩盖,而当企业的发展速度降下来,或是遇到了较大的市场竞争压力,一些问题会陆续暴露出来，如业务增长乏力、内部管理运营混乱等。这时，企业管理者首先考虑并付诸行动的就是对内实行管理变革，期望企业内向的改变能扭转企业的颓势。

这种变革思路正确吗？未必。

因为问题的根本在于战略。管理者最先应该思考的是企业的战略是否有问题。纵观那些优秀的企业，之所以能突破一些发展"瓶颈"，恰恰是因为在合适的时间制定了顺应趋势的战略。这给我们一启示：一个好的框架与方法论，不但能够系统化、定期地帮助企业剖析内部的问题，而且有助于企业制定出清晰的战略规划及相应的执行计划。

那有没有这样一种框架与方法论呢？有，这就是被一些名企广泛引入并实施的，并被实践证明是科学、有效的 BLM 管理模型。

BLM 管理模型，即业务领先模型（business leadership model），主要给公司战略规划、年度经营计划，以及战略关键问题的研讨提供了统一的思考框架、战略框架。

IBM 创造了 BLM 业务领先模型，然而，把这种模型用到极致的是中国的华为。分析总结华为等一些名企在这方面的成功实践，可以把 BLM 管理模型的精髓归结为"五看"与"三定"。

1. 五看：抓住战略机会点

"五看"是指从中长期的战略规划里去做战略洞察，看行业、看市场客户、看竞争对手、看自己、看机会，通过"五看"能找出机会点。

（1）看行业

看行业，关键看行业变化和趋势，行业里的哪些变化与趋势更有价值呢？主要有以下三点。

一是客户需求的变化。

一个产品是否有人用，有多少人用，很多时候取决于企业对客户需求变化的把握是否准确，如果把握得准确，可以迅速获得大量用户，如果把握不准确，可能会浪费不少时间和资源。

不只是产品经理，包括运营、市场、销售人员等都必须对客户的需求变化有所了解，才能知道怎么去设计产品方案，运营用户，推广产品，最后把用户或流量转化成企业的收入。当然，需求变化的背后，是客户消费观念、消费理念和消费习惯在发生变化。

二是法律法规的变化。

法律法规的变化也会给行业或企业带来一些机会，比如绿色牌照刺激新能源汽车的发展。在绿色低碳政策的影响下，绿色环保的发展理念是符合趋势的。

三是技术的创新。

技术创新会带来大量的机会，但这里不是说你要怎么实现它，而是这个技术创新的实现对你所在的行业会有哪些冲击和影响。过去，移动互联网的快速发展，给一些平台电商带来了机会。未来，随着数字技术的发展，人工智能将会获得更多机会。

除此之外，商业模式的变化、利润模式的创新、价值链的延伸等都会深刻影响行业的发展。

（2）看市场客户

要想把市场看准了，关键要看市场规模、发展趋势、市场需求、客户痛点等。怎么看？关键做好两点。

一是做好客户需求分析。

企业准确清晰地识别和判断客户需求处于哪一个层次上，有助于企业针对性地规划、实施有关的产品战略、服务战略、客户关系战略。

在对客户需求分析时，可以选择一些关键客户，收集与企业相关的维度信息，比如企业基本信息、经营状况、需求等。利用大数据分析、识别并挖掘出关键要素，然后进行分析整理，从而构建出一个定期的用户画像，然后再对需求的深度进行挖掘，并提供他们真正需要的东西。

从客户系统经济学来看，客户的需求是处在变化中的，先把现在的需求是什么理解清楚,然后抓住需求变化带来的机会。

二是进行客户购买行为分析。

客户是销售对象,对其推荐、介绍产品或服务,不能按照销售人员的思路、方法进行,而要更多地分析客户的购买行为,考虑客户的购买模式、购买意向和认可程度。客户的购买行为就是客户购买产品或服务的行为表现。客户的购买行为决定企业营销战略。

例如,客户习惯到零售商店购买,应该借助零售商采取商品分销策略;客户习惯到商场购买,比较适宜采取直销的方式;客户习惯直接送货上门,可以采取网络销售、电话销售的方式,或者携带产品或产品样本直接登门拜访。

总之,客户需求是基础,如果不了解客户需求,那看机会就成了一句空话。

(3)看竞争对手

做好对竞争对手,尤其是行业里老大的全面分析,有助于企业进行有针对性的产品与业务规划。假如你现在找到了一个行业里的标杆,那就要认真研究它,认真梳理分析它的利润模式、市场份额、未来产品规划、客户关系、价格策略、组织结构等,当然,也可以从中选择几个重点进行深入分析。进而知道他的核心竞争能力是什么,存在的问题是什么——它的问题很可能就是你的机会。

(4)看自己

看自己,就是对企业的商业模式、经营状况、内部运营能力进行全面分析,并提出一个明确的定位,将与定位、能力不符的机会点舍弃掉。说白了,看自己就是客观地评估自己,适当做一些减法,把更多的资源用于提升自己的核心竞争力。具体怎么看?可以通过商业模型画布为自己"画像",来寻找战略控制点,并设计打法,也可以运用前面讲到的PEST分析、SPACE矩阵等工具与方法,来辅助分析自己的经营状况与运营能力。

（5）看机会

看机会就是找战略机会点、机会窗。战略机会点主要有三个：一是市场空间，二是增长速度，三是利润率。打个比方，某行业的市场空间巨大，但是目前行业发展的速度较慢，那么，这就显现出一个战略机会点。只要你的发展速度快于行业，就能把握住行业机会。那该如何描述战略机会点呢？通过两个维度：一个维度是市场吸引力，另一个维度是公司竞争地位。竞争地位主要通过市场份额、竞争优势来描述。

2."三定"：做好业务设计

"三定"即定控制点、定目标、定策略。即在明确机会点后，确定战略方向、战略目标，并在此基础上做好业务设计。

（1）定控制点

战略控制点是一种竞争优势，也是企业的护城河，控制点越多，抵御市场竞争和风险的能力就越强。在定控制点时，企业要考虑大环境、客户需求与自身特点。诸如品牌、专利、市场份额这些控制点是很难短时间形成的，如果企业不具备相应的实力，不要轻易定这类控制点。如果企业在这方面有相当的优势，那可以选择相应的控制点，这样便有机会实现长久、持续的盈利。

（2）定目标

目标支撑战略控制点实现，定的目标要具体、可衡量、可实现，且彼此关联，有达成的时间节点，如用户量、转化率或收入等。

（3）定策略

制订具体的方案与实施策略，包括技术与平台战略、产品策略、营销策略、成本策略、竞争策略等。定策略属于战术层面，故策略应该能在具体的场景中解决真实的问题。

BLM模型在市场洞察、战略意图、业务设计等方面进行了系统思考，对战略规划分析得很透，是一套完整的战略规划方法论，也是一种可循环的战略规划工具。企业在学习和运用这种模型时，要根据实际情况进行创新，并有所取舍，使其与企业的实际相结合。

战略规划的五大误区

好的企业战略规划，不但目标明确，有相当的灵活性和执行力，而且能提升企业的竞争力。特别是在多元化的市场环境下，科学合理的战略规划是企业可持续发展的有力支撑。在实战中，一些不当的战略规划给企业带来了沉痛的教训，因此，有必要熟知战略规划常见的五大误区，以此为鉴，从而有效避免战略危机的出现。

1. 误区一：异化"战略"内涵

"战略"是很多企业领导口中的高频词：

"一定要提升我们的战略能力。"

"我们的战略就是做到行业最好。"

"我们要转型，走差异化战略。"

……

你问他们什么是"战略"，他们会说是"大方向"，或是说企业的发展"格局"，一百个人有一百种说法，随意性很强，以至于"战略泛滥"。这也是在进行战略规划时比较常见的一个问题。

比如，有些企业今天开了一个会，称"××战略会议"，明天制定了一个新规，称"要加大××战略支撑"，后天和客户签了一个小单，称"战略合作"。凡事都与"战略"挂钩，气势上不输，结果呢，实属自娱自乐，于企业的长远发展没有丝毫助益。

2. 误区二：规划一成不变

企业要想获得持续的发展，必须制定长期有效的战略规划。管理者要站得高，看得远。短期目标没有办法适应现在变化多端、复杂的市场环境。例如，电子商务发展前期，有很多企业没有看到它的作用，还是使用传统的销售方式，有些企业的领导甚至对此不屑一顾，没有及时调整战略规划，导致很多企业在电商大潮中被淘汰了。

如果一个战略用了10年，却没有做任何调整，那就不叫战略。战略一定要适应新形势，一定不断加入新的规划，这样才能成为企业前进的指明灯。所以，企业要时刻把握内外部的环境，实时进行战略规划的调整，避免出现方向性错误。

3. 误区三：差异认识不足

战略规划的一个主要目的，就是让企业自身的资源、实力等更加适应内外界环境的变化。即企业要先认识到自己与同行的实力差距，了解产品或服务与市场需求的匹配度等，才能有针对性地调整自己的各种策略。

通常，企业找不准差异的原因主要有两个：一是缺少相应的企业文化，领导不找差异，只看好的业绩，而且在其潜意识中，"差距意味着自己能力不足"，正视差距是非常痛苦的；二是缺失方法，即找不到合适的方法来寻找差异。

4. 误区四：业务梳理不清

不少企业在战略规划时，只是简单地从上而下分解目标，事先没有洞见市场机会，也没有进行业务梳理，或是梳理不清。结果，资源配置过度分散，重点业务板块就难以保证。原本想着"东方不亮西方亮"，实际上增加了企业的经营风险。

在战略规划时，首先要根据自身的优势、资源条件和经营管理能力来确定自己的主营业务与发展战略，选择自己适合干什么、能干什么，明确有所为、有所不为、有所不能为。因此，要把所有的业务板块都梳理清楚，明确各自的定位、发展方向和发展目标，指出经营发展中要关注的问题或挑战。在此基础上，关注重点业务板块，明确其发展目标，并提供最好的资源、配备最强的经营团队、建立最有竞争力的经营机制。

5. 误区五：执行路径不明

很多企业在做规划时都存在这样的问题，只谈目标与理想，却不谈方法与实操，因为不清楚具体的市场方向在哪里，怎么拓展业务，方法有哪些……结果呢，有了战略规划，却无法落地，只能束之高阁。所以，为了避免战略执行难题，在规划中一定要设计好执行路径。

什么是执行路径？从战略管理的角度看，可以简单理解为让战略落地的具体路线图或行动方案。这在战略规划中一定要体现出来。即你提供什么产品或服务，如何赢得市场与口碑，具体应该怎么做，需要什么资源与能力，等等。如果只是说"平均每年实现10%的增长""进一步提升产品的竞争力"，而没有给出具体的实现方案与操作方法，那这种规划就是没有意义的。

总之，企业在制定战略规划时，应该立足于企业实际，既要顾及实力与资源限制，又要考虑行业、市场、政策等各种因素的变化，还要考虑规划的现实可操作性。如此，从多个维度进行谋划，才能保证规划的合理性、科学性与可操作性。

【战略场景】火星人："品牌力＋创新力＋营销力＋服务力"助力企业发展

近几年，厨电行业发展速度整体趋缓，然而，作为集成灶代表之一的火星人实现了营收逆势增长，一举成为行业第一。

虽然才成立10多年，但火星人连续多年实现高速增长，牢牢占据着市场的龙头地位。在竞争如此激烈的厨电行业，国产品牌火星人何以成为行业的标杆？最根本的在于企业的发展战略——火星人以科技创新为驱动、智能制造为基石，全面推进全渠道、多品类、强终端建设战略，这使企业在市场竞争中逐步展现出强大的韧性与潜力。

梳理火星人的发展战略，清晰可见其成长逻辑："品牌力+创新力+营销力+服务力"助力企业战略规划落地。

1. 品牌力：多渠道发力，深耕企业品牌

作为行业的霸主，火星人始终致力打造用户信得过品牌形象。为了提升品牌知名度，企业多次赞助一些综艺节目，或邀请一些权威媒体对企业进行报道等。如央视一台《生活圈》栏目曾发起集成灶评测活动，在央视镜头下，评测员对火星人集成灶产品进行功能演示和评价。结果，火星人集成灶获得了评测员的好评——"使用火星人集成灶感觉特别省事省心"，特别是其良好的控烟效果，以科技颠覆传统烹饪的体验，得到了现场用户一致的认可。加之，央视强大的背书与传播能力，一时间使更多消费者群体了解了火星人集成灶。

2022年上半年，火星人不仅请知名艺人为品牌代言，还与巨量引擎达成深度合作，与湖南卫视、智扬体育、永达传媒达成战略签约。同时，在抖音等聚集大量用户的新媒体平台以"自媒体官号+明星+达人合作"的形式，持续放大品牌声量。

未来，企业将多渠道发力、全方位深耕品牌。例如，火星人会不遗余力地围绕消费习惯、搜索习惯等扩大着品牌在各类平台的植入。与此同时，争取更多线上、线下流量入口，为传统渠道与电商渠道运营引流助力。

2. 创新力：持续创新，提升产品升级迭代能力

火星人之所以能以产品为支点，撬动整个集成灶市场，不断收获来自用户的高度认可，是因为企业始终秉持"不断创新，持续领先"的经营理念，追求高质量发展。

仅在2021年这一年，火星人就上市了20多款新产品。这些产品不但契合年轻用户的审美，而且也带来了全新的使用体验，同时，还解决了不少用户的痛点——完美实现控烟。这都得益于企业的技术创新。

如今，企业建立了以"智能创新研究院、技术研究院和产品开发中心"为核心的研发体系，无论是研发人才，还是专利数量，都处于行业顶尖水平。可以预见，未来火星人将会进一步加大研发投入，不断提升产品的研发、迭代升级能力。

3. 营销力：布局双线渠道，打造立体营销网格

2022年上半年，火星人实现营收10亿元，稳居行业第一。火星人之所以有取得如此成绩，要归功于其成功的营销渠道建设。

一方面，线上渠道是火星人的主战场。火星人立足一些知名电商平台，如京东、天猫、苏宁等进行自营店建设优化，提升品牌网络影响力，并为线下门店蓄水引流。

另一方面，火星人不断布局线下市场。目前，火星人在全国建立了2000多家门店，经销网络遍及一二线城市到乡镇市场。火星人每年还要召开多次招商会，不断扩大经销商队伍。另外，为了更好地为经销商赋能，企业会不定期开展各类培训，以提高经销商的运营能力。

火星人实施线上、线下"双轮驱动"的销售模式，并构建起以经销渠道、电商渠道为主，直营渠道为辅的立体营销体系，这极大地拉拉近了企业和终端的距离。

4. 服务力：极速响应，坚持提供最好的服务

火星人品牌的成功离不开优质服务的保驾护航。火星人始终秉承"极速响应，一次就好"的服务理念，为此，还创立了享誉行业的服务品牌——火星人极速服务小哥，并形成"六大服务承诺＋六大特色服务＋两大增值服务"的标准服务体系。2021年，火星人将"30天无忧退换"直接升级到"365天

无忧退换",进一步加大精细化服务力度。

　　正因为火星人始终贯穿"好看、好用、好服务"的理念,并将高品质、高标准、高要求写入了战略规划,所以才能在同质化严重的厨电市场脱颖而出。如果说前十年,火星人凭借过硬的技术实力,一路成长为行业的龙头。那么接下来的十年,火星人定位于走高端路线,在品牌、产品、渠道、服务等各方面要持续发力,不断引领厨电行业发展。

第5章 战略解码：有效衔接战略规划与战略执行

战略从构想到可以被执行的精细程度，靠的是战略解码——将战略意图层层分解为可以被分析、衡量、评估和修正的具体动作。如果不能描述，就无法衡量，如果不能衡量，就无法管理。战略解码是澄清战略，快速形成战略的利器，也是有效落地战略、提升战略执行力的方法。

一个宗旨：战略解码让"团伙"变"团队"

众所周知，战略难在执行，而战略执行困难的原因在于，战略通常源于企业创始人或者 CEO 个人的思考，或者一两个关键领导的小范围讨论意见，并最后形成一份战略描述，下发给企业的各个部门与层级要求遵照执行。

这样的战略管理不但缺乏战略澄清与达成共识，而且缺乏有效分解为具体行动与责任的"解码"过程，故无法转换成一张有效的"作战地图"，导致战略停留在 PPT 中，或是挂在管理者的嘴边。

如果说战略规划是少数人的智慧集结与凝聚共识，产出"战略一张图"的话，那战略解码则是调动整个组织探索战略实现路径，并最终形成清晰的三军"作战"部署的过程。战略规划可理解为严格界定公司层面的方向和举措，而战略解码则是对战略规划的解读与拆解，也就是大战略套小战略。

如果给"战略解码"一个定义，可以这样理解，它是一个按企业组织结构，自上而下地对任务进行垂直分解，以及按业务流程结构从左到右地对任务进行水平分解，将公司的战略意图和战略目标落实到各组织单元甚至个人的过程。战略解码是保证全体员工对公司战略的理解一致性，特别是行为一致性的关键环节。

没有正确的方向，企业不太可能成功，但企业有了一个好的战略就一定能确保成功吗？不一定！许多时候，战略能否高效落地，能否发挥应有的作用，关键不在于战略本身，而在于战略被谁执行，以及战略是如何执行的，而这正是战略解码要解决的问题。

高效的战略解码，不但可以提升组织的战略执行力，而且能确保团队以最高效的方式运作。之所以这么说，主要有以下四个原因。

1. 有利于战略敏捷生成

在互联网时代，市场日新月异、客户需求变化莫测、竞争层出不穷，如果还使用传统的战略管理方法，即使能制定出"正确"的战略，也可能因为反复分析、论证等错过最好的时机。

相比之下，战略解码可以通过战略澄清中的集体研讨和群策群力，快速澄清或形成战略目标、增长策略及核心竞争力等关键信息。故它速度快、效率高，能短时间内澄清战略内容及行动，有利于战略生成并快速迭代。

2. 便于团队内聚力的形成

无论是大型组织还是小型企业，都需要聚焦于最需要关注的优先级目标。梳理战略的过程，其实就是选择战略重点的过程，也是常说的"战略不仅是选择做什么，也是选择不做什么"。一旦目标确定下来，就需要全力以赴，调动各方资源及力量。

当然，啃硬骨头是有挑战性的，只有影响企业生死存亡或者持续发展的目标内容，才能真正呼唤起各级管理人员及员工内心的使命感和责任感，才能让全体成员真正体会到与企业共发展的凝聚力，也才能真正激发组织整体的潜力。战略解码就是让公司上下拧成一股绳，达成力量的聚焦、任务的聚焦、利益的一致，集中力量办大事、办成事。

3. 增强全员的参与感

过去，在进行战略管理时，经常采用自上而下、逐级贯彻的方式，中基层员工很少参与战略讨论和决策。在今天，组织越来越呈现出去中心化、小微化的特点，仅靠几个企业高层是无法进行战略管理的。团队成员是否真正参与战略的讨论，是否有权决定战略的走向和战役的打法，对战局的结果就很重要。

让更多员工参与战略的讨论，共同探讨未来方向，给了参与人员一个超越日常工作、训练战略性思维、智慧碰撞和相互学习的机会，也有助于员工更好地理解公司战略方向。

4. 让战略和行动清晰化

在战略解码过程中，参与讨论的人员需要用精准的语言来描述战略，既不能空洞、似是而非，又不能过于细小、死板教条。战略解码的结果，是用所有人能理解的语言来诠释战略，要讲清楚战略和行动方案"是什么"，及如何去落实。

说到底，战略是指导企业全体员工行动的具体指南。无论是什么样的战略内核，都需要通过强有力的执行力实现，变为真正的战略成果和战略优势。要想指导全体员工上下一心地行动，就必须要用一线员工能够理解的语言来阐述，确保从规划到执行的每一个时刻，企业内都是"同一个声音、同一个画面"。

一个企业或团队，如果缺少高效的战略解码，会出现什么问题呢？大概是：全员上下不能形成共识；企业或团队缺少明确的发展方向与可行的行动方案；部门或个人间缺少必要的协作，各自为战，不能形成合力。从严格意义上说，这样的团队不能称为"团队"，更像是团伙，因为它始终处于一种撕裂状态。故战略解码的过程，也是一个让"团伙"变"团队"的过程，因为它提升了团队的执行力，助推了战略的落地。

两个思路：平衡计分卡＋业务执行力模型

战略解码介于战略规划与战略执行之间，它最大的意义在于：逐层分解战略，直至形成行动方案。如果说制定的战略是一道数学题，那战略解码可

第5章 战略解码：有效衔接战略规划与战略执行

以理解为是解题思路、方法，运用正确的思路与方法，可以逐步推算出最终的答案。即每计算一步，要用什么定理、公式，每一步之间存在怎样的逻辑关系，环环相扣，以保证结果的准确性与过程的严谨性。

再举个例子，某人打算从北京去上海，这是他的"战略规划"，去的方式有：乘飞机、坐动车、自驾等，这是具体的行动方案。究竟选择哪一种方案呢？这就需要他综合各种因素来考虑，如时间问题、费用问题、舒适度等，这个考虑的过程，其实就是一个"战略解码"的过程。

对企业来说，战略解码的方法有很多种，每个企业都可以根据自己的实力、业务种类、行业处境等来选择相应的解码方式。比较常用的解码思路有两种：一种是经典的基于平衡计分卡（BSC）的战略解码思路，另一种是基于业务执行力模型（BEM）的解码思路。

1. 平衡记分卡

什么是平衡记分卡？平衡计分卡起源于美国，由哈佛大学商学院教授罗伯特·卡普兰和美国复兴全球战略集团创始人戴维·诺顿设计，是一种绩效管理方法。它打破了以传统财务模式衡量事项的片面考核方法，将企业的远景、使命和发展战略与企业的业绩评价系统联系起来，一步步将企业战略分解、转化，最终化战略为行动，实现公司战略规划与运营执行的无缝对接。

通常，平衡记分卡要与战略地图结合起来使用，基本的操作流程包括：

（1）创建战略地图

通过对企业战略的分析提炼形成战略地图，将企业战略目标通过地图的形式清晰地展现出来，从而使全员上下准确了解企业的战略，以及战略实现路径。对战略地图中的每个战略目标利用指标进行衡量，以行动方案作为支撑。

（2）平衡计分卡设计

平衡计分卡的构建过程主要包括设计衡量指标、确定指标权重与指标数值、制定行动方案。

首先,设计衡量指标。衡量指标的设计包括:财务维度指标、客户维度指标、内部流程维度指标及学习与成长维度指标的设计。财务维度指标是全面体现生产运营的最终成果,衡量企业给股东创造价值能力的指标。客户维度主要关注外部客户和内部客户两个战略主题。先设立战略目标,然后根据目标设置相应的衡量指标,如产品合同按期履约率、客户综合满意度。在内部流程维度方面,先明确主题,再列出相应战略目标,在此基础上设置相关衡量指标,如技术投入比率、采购计划完成率等。学习与成长维度是企业持续发展的基本要素,首先明确相关的主题,然后提出对应的战略目标,最后设置相应的衡量指标,如从业人数、员工满意度等。

其次,确定指标权重与指标数值。平衡计分卡指标的权重分配应以战略目标为导向,反映被评价对象对企业战略目标贡献或支持的程度,以及各指标之间的重要性水平。通常,指标权重设定在 5%～30%,对特别重要的指标可适当提高权重。对特别关键、影响企业整体价值的指标可设立"一票否决"制度,即如果某项绩效指标未完成,无论其他指标是否完成,均视为未完成绩效目标。

最后,制定行动方案。整理分析企业的各类行动方案,厘清各战略目标与各行动方案之间的关系,并进一步完善支持战略目标的行动方案。接下来,调整各种资源与行动方案的匹配度。最终确定的行动方案须与战略目标、各衡量指标相互关联。

(3)进行战略解码

设计平衡计分卡的过程,既是管理者对战略进行重新审视和评估的过程,也是对战略的解码过程,因为在这一过程中,企业将战略转化为一系列的目标和指标。一份好的平衡计分卡,通过一系列因果关系来解码组织战略。比如,有一家企业的战略之一是提高产品市场占有率,则可能有以下支撑性因素,包括:加入技术研发的投入、引入更先进的生产线、培训并提高员工的销售技能等。在平衡计分卡中,每一衡量指标都是因果关系中的一环。

2. 业务执行力模型

业务执行力模型最早由三星电子提出,是一套系统高效的战略解码方法。业务执行力模型是支撑中长期战略的自上而下的系统性战略解码模型,运用该模型可对战略逐层分解,最终转化为团队和个人的重点工作或改进项目。同时,用数据说话,导出可衡量KPI,确保战略目标达成。

该模型结合了6Sigma质量管理方法,提供了一套完整的流程、工具、路标,以及模板。那什么是6Sigma呢?6Sigma是一种流程改进方法。它分为五个阶段,分别为:定义、测量、分析、改进和控制。6Sigma水平意味着提供接近完美的产品或服务。

业务执行力模型将6Sigma的方法融入战略执行领域,通过对战略逐层逻辑解码,将战略愿景分解成可量化、可执行的策略,战略规划解码之后落地到组织KPI,甚至是个人业绩承诺。

这两种解码思路各有特点,相较于平衡计分卡,业务执行力模型的优点是结构化比较好,但其关键解码逻辑还是基于平衡计分卡,只是增加了一些辅助工具,以提升解码的效果。

三个层面:总体战略+业务战略+职能战略

企业战略与企业管理一样,也是分层次的,通常它有三层:总体战略、业务战略和职能战略。每一个战略分别对应公司的一个管理层次。在战略解码时,需要从下而上,拆解各个层面的战略,使之形成若干"战役",并设置"战役"的打法及成功标准。

下面,详细介绍一下三个层面的战略解码。

1. 总体战略解码

总体战略又称公司层战略,它主要强调公司应该在哪些经营领域进行生产经营活动,在解码时着重要回答两个方面的问题:一是"我们应该做什么业务",即确定企业的使命与任务、产品及市场领域;二是"我们如何管理这些业务",即在公司不同的业务单位之间如何分配资源。

总体战略解码应遵循这样的逻辑:首先要明确总体战略的核心内涵、责任人与关键衡量指标,并对影响该战略的"关键之战"达成共识,然后进行拆解。在这个基础上,就如何打赢"关键之战",在不同的业务部门进行分工。例如,"提升用户体验"是"关键之战"之一,在战略规划中,就如何提升用户验通常未能给出详细的执行方案,只是一个战略方向。这时,要通过解码来层层拆解、落实,并最终确定"分战役""打法"、对应的责任人与考核标准等。

总体战略解码通常以年度为周期,内容包括:战略任务的检讨;提出年度公司战略滚动修订的要点;关键战略举措修订;战略图卡表的滚动修订;编制年度业务计划以链接财务预算;分解公司高管关键绩效指标(key performance indicators,KPI)并签订个人绩效承诺书(personal business commitments,PBC);等等。

企业之所以以年度为周期对公司战略进行正式滚动修订,主要原因有两个:一是加深全员对战略全局发展规律的认识,需要重新检验并修订原来的战略决策是否正确;二是为了应对在战略层面出现的新情况,或是纠正之前的认知偏差。

2. 业务战略解码

企业为了让自己的产品或服务在某一领域获得竞争优势,或是为了提高市场份额,通常会采用某种业务战略。常见的业务战略有成本领先优势、聚焦战略等，以聚集战略为例，它致力于开拓某个有潜力的市场，为特定消费者提供独具特色的产品，如苹果公司就采用了这种业务战略。

业务战略解码是比总体战略解码低一个层级的解码，它也是以年度为修订周期，对业务单元的战略进行滚动思考。与公司战略不同的是，业务战略的关注点是增长路径、客户价值主张，即如何建立、提升企业的竞争优势，为客户提供更具性价比的产品或服务，来赢得市场。

解码的内容主要包括：业务单元的战略任务的检讨；提出年度业务战略滚动修订的要点意见；增长路径与客户价值修订；开发业务单元战略图卡表；编制年度业务计划并链接财务预算；分解确定业务单元高管 KPI，签订 PBC。

3. 职能战略解码

职能战略，也称部门战略，它是按照专业职能，将企业总体战略转化为职能部门的具体行动和计划。例如，一家企业在总体战略中提出"大幅提升工艺水平"，那人力资源部门的职能战略就是：提高人才选拔标准、加大培训力度，建立更高效的薪酬与绩效考核制度等。

职能战略主要关注如何落实公司与总体战略与业务战略。也就是说，如何让各个职能部门去落实具体的行动计划，以帮助相关战略的落地。

在进行职能战略解码时，也应以年度为一个修订周期，主要内容包括：对部门战略进行滚动思考；提出年度部门战略滚动修订的要点意见；开发部门战略图卡表；编制部门年度业务计划书；分解部门负责人的 KPI，签订个人绩效承诺书。

特别是大中型企业，拥有庞大的规模和众多的业务，会形成多层次的战略格局，故应从上述三个层面对企业战略进行解码。对于一些小微企业，由于其规模小，业务相对单一，且拥有的资源不多，可以有针对性地从某一个层面进行解码。

四个环节：战略澄清＋目标拆解＋行动计划＋个人绩效承诺书

近些年，战略解码被越来越多的企业所重视。有效的解码可以让企业通过可视化的呈现方式，将公司的战略转化为所有人"可操作的语言"，借此推动战略在运营执行中真正落地。

但是现实中，很多企业在战略制定后，缺少有效的战略解码环节。往往是部门领导领到任务后，简单开个会，把工作布置一下，就没有下文了。虽然大家都很努力，但是对公司的战略不是很理解，找不到自己在战略中的位置，更不知如何体现自己的战略价值，这样战略怎么能落好呢？

那如何保证解码的有效性呢？关键要把握好四个解码环节。

1. 战略澄清研讨会

这是一个非常重要的会议。为什么？因为当今的行业形势与竞争环境瞬息万变，如果说领导者是船长，他要带领全体船员在风浪中前行，就必须让大家知道明确的方向，这样，大家才会看穿迷雾、明晰航向、形成共识、快速行动。否则，方向不明，只能随波逐流。战略澄清会就是一种低成本的，能快速澄清公司战略，并使团队达成共识的方式。

那如何开好战略澄清会呢？

（1）做好会前准备

每次开会前，应做好三件工作：

一是组建一个工作组，让工作组与企业高管、各部门主管进行交流，了解他们的工作重点，及对战略的认知程度，看他们的共识度如何。

二是盘点企业的各种资源，并收集有关市场、客户和竞争的研究与分析资料。

三是与公司高层进行交流，理解会议需求，准备相关内容并确定会议议程。

这也可以理解为是会前的预热。

（2）把握好研讨主题

在战略澄清会上，首先要阐明的问题是：战略究竟是怎么来的？相关人员要清晰地把它呈现出来，表述要力求准确无误。阐述过后，要请大家拾遗补阙。接下来，要澄清公司的愿景与使命。

这些都比较容易把握，难点在于，当企业存在新老业务组合时，必须要分别讲清楚新老业务的发展目标，以及可能的协同要求。为了增强目标的清晰度，不但要讲目标"是什么"，还要讲目标"不是什么"。这样可以提升理解的一致性，并让参会人员深刻领会到战略目标的真正内涵。

（3）做好会后的沟通

并不能奢望通过一次研讨会的战略澄清就达到预期效果，要保证战略澄清会能形成有质量的成果，应三天左右开一次，开两三次。而且，在会后需要进行一对一、多对多的多轮次、大范围的沟通。

2. 战略目标拆解

有了清楚的战略规划后，要对其进行解码，就必须对相应的战略目标进行拆解。例如，哪些是公司的财务的目标，哪些是客户的目标，哪些是运营方面的目标，等等。拆解完战略目标后，再进行下一轮拆解，从部门一直拆解到产品线、区域线、工作小组，直到个人。经过这样的拆解，战略的落地路径会变得非常清晰，同时目标与各种资源进行了有效的匹配。

战略目标拆解不到位，会出现什么问题？就是公司的战略很清晰，但是，各业务部门的目标不支撑公司的战略目标。这就会造成战略目标的错位，员工难以感受到战略目标的价值。

3. 行动计划

战略解码过程当中的行动计划，要求不同部门的人员一起制定，为的是让各个部门都能深入地了解企业的战略及本部门承担的角色，避免在执行过程中产生不必要的冲突和问题。

通常，行动计划的内容主要包括以下七个部分：

（1）行动领域

行动领域又称责任区，或是主行动。通常，一场"战役"会包含3~5个行动领域，每个行动领域又可以细分为3~5个子行动。

（2）子行动

行动领域由若干个子行动组成，数量一般在2~6个。在描述子行动时，应用动宾格式。

（3）截止日期

即行动领域与子行动的最迟完成时间，可以这样描述："在××月××日，完成××产品的上市。"

（4）完成标志

完成标志也叫作关键里程碑，即取得了阶段性的、标志性的成果。例如，××系统正式上线，××制度正行实行，×××合作协议正式签订，等等。

（5）责任主体

责任主体可以是部门，也可以是个人，如果是个人，须注明具体的职务、所属岗位、姓名等。通常，主要责任人只能有一个，为的是防止职责不清，出现扯皮现象。行动计划将列入主责任人的绩效考核内容中。

（6）支持人

支持人可以有多人。在确定支持人的时候，要让支持人认真审视年度行动计划，了解相关的流程，看他们是否能与责任主体在责任方面协同一致。

（7）衡量指标

在制定衡量指标时，要注意三点：一是在描述一些"关键行动"时，已经提出的主要衡量指标，需要列入相应的年度行动计划；二是在年度计划的衡量指标中，除了定量的指标，也可以做定性的描述；三是所有年度行动计划都应有衡量指标。

4. 个人绩效承诺书

将年度行动计划落实到个人绩效合约中，这也是战略解码的一个重要环节。在战略解码会上，不论是分解出来的部门目标，还是年度、月度行动计划，最终都要落实到每一个岗位、每一个人，并与岗位绩效挂钩，形成个人绩效承诺书。

个人绩效承诺书的制订是一个互动的过程，是通过员工个人与直属主管和经理在不断地一对一沟通过程中制订的，每个员工在充分理解公司的业绩目标和具体的关键绩效指标的基础上，和在部门经理的指导下制订自己的个人绩效承诺书，并努力兑现承诺。

由此可见，个人绩效承诺书不只是一个业绩管理系统，还是上下级达成一致，明确工作优先级的方法，它体现了所有人员对组织的承诺，有利于创造高绩效的文化。

一个优秀的企业，在进行战略解码时，会尽可能让所有员工都参与其中，让大家知道这场"仗"究竟是什么，应该怎么打，自己应扮演什么角色。这有助于加强全员对战略的理解，有助于提升团队的执行力。否则，只有少数几个高层参与战略解码，而解码环节对员工不透明，员工也无须关心，那公司在推行新战略时，就可能会阻力重重，至少员工不能充分认识与理解这个新战略，更谈不上积极拥护与支持了。

五个问题：为什么战略解码会失效

很多人都有过这样的疑问：战略解码真的重要吗？不进行战略解码会怎么样？

比如，有个人开了一家餐馆。他说"我就开个小饭馆，还要什么战略，就是想赚点小钱"。其实"赚点小钱"也是战略。那他要不要对此进行一番解码？一种做法是：不需要，走一步算一步，什么菜品好卖就多做什么，随时迎合消费者的需求。另一种做法是：对开饭店如何赚钱这件事进行全盘考虑，包括餐饮市场、同行、消费群体、可以提供的菜品、厨艺……

试问，哪一种做法更容易赚到钱？当然是第二种。这就是战略解码的重要性。许多时候，不一定非要是"高大上"的东西才配得上"战略解码"，即便是个人职业规划，也需要做类似的战略解码。所以，要保证战略落地，战略解码必不可少。

如果你不想着发展，可能都觉得"战略"多余。如果企业有明确的发展战略，那进行战略解码必不可少。许多时候，战略显得可有可无，不那么重要，这不是战略本身有问题，而是没有对它进行解码，或是解码时把"经"念歪了。结果适得其反。这也是很多企业在战略管理过程中的通病。

归纳起来，战略解码之所以出问题，原因有以下五个方面。

1. 根本没有战略，张嘴就来

有些老板，张口闭口谈战略，什么竞争战略、定位战略、颠覆式战略，说得头头是道，你问他："你的企业有没有战略？"他会说"有"。什么战略？他又能讲一大堆出来。其实，在他的潜意识中，战略就是忽悠，就是"大饼"，或者他压根就不信所谓的"战略"，只相信赚快钱的方法。你和他谈战略，让他赚将来的钱，赚慢钱，他觉得你是忽悠。

但是，他又不能说自己的企业没有战略，"脚踩西瓜皮，溜到哪里是哪里"。于是，当"你怎么理解公司的战略"，或是"你如何实现企业的战略"这样的问题摆在他面前时，他会强行进行解码，于是，就会出现这样熟悉的一幕：某老板或企业管理者，一本正经地在那里谈战略，满口时髦的专业术语，其间点缀着精彩的商战故事，而且90%的时间都是在讲别人怎么做，怎么成功的，闭口不谈自己的战略，以及它们的现实可操作性。这种"解码"趣味性十足，但完全脱离了企业实际，更像是故事汇。

2. 缺少战略互信，强行解码

有些企业也有战略，但只在老板的头脑里，员工不清楚，而且老板认为：铁打的营盘，流水的兵。员工只需完成自己的本职，拿该拿的钱就可以，无须操心战略的事。这样的企业有一个特点，就是员工没什么归属感，对企业的未来漠不关心，大多持一种"有好的机会就换一家公司"的想法。突然有一天，你和要员工谈理想、谈战略了，员工的第一反应是："呵呵，多少年的老套路了，把我们当猴耍啊？"即使你真的想坐下来和员工解码公司的战略："三年新三板上市，四年要融××个亿，五年创业板上市，六年做到行业老大，到时给大家每个人分××万股原始股，现在大家要……"描绘的蓝图很美，但鲜有人认为你是认真的，他们会乐呵呵地看着你，心里默念："你编，继续编……"

不能让员工深刻地认知企业的战略，就不能让他们形成战略共识。在一个团队内也好，一个企业中也罢，一旦大家的心是散的，没有相同的愿景，不能用一个声音说话，做再多的战略解码也没用。

3. 上下游不衔接，目标模糊

在解码过程中，有一点非常重要，那就是要找到关键任务，这即是我们常说的"战术"。关键任务的主要作用在于衔接，也就是承上启下。一方面，它是由总体战略分解而来，另一方面，它可以被分解为一系列战术动作，或是行动计划。

很多战略解码之所以失灵，就是因为没有抓住关键任务，整个战略构想看上去空洞无物，且缺少落地路径与衡量的指标。比如，有家公司的战略是"用五年的时间，把公司打造成为模具行业的龙头"。怎么打造？公司的解码是：加大研发力度，引进高素质人才，和有实力的伙伴建立战略合作。那又如何加大研发力度呢？公司的解码是：向行业的顶尖看齐的同时，投入更多的人力、物力、财力。

其实，这只能算是对战略构想，或是战略意图的解释，算不上解码。一是因为缺少可以量化的、可衡量的关键战术；二是不同的战略方法缺少关联；三是未用精确的语言来描述战略，更没有具体的执行动作。

正确的战略解码，不仅要让各战术建立起有效联结，而且要让企业的年度战略目标与每一个人的绩效指标和行动任务建立关联。同时，要保证组织的人力资源、财务资源、客户资源、研发资源、信息资源等给予战略相应的支撑，避免企业目标成为空中楼阁。

4. 未做充分准备，只走过场

在做战略解码前，一定要做充足的准备，避免做一些低效、重复性的工作。比如，在战略解码过程中，要不要现场来讨论关键的收入指标值呢？当然没有必要。这个问题最好在解码前就解决掉，否则会占用大把的时间来讨论，且未必能形成一个结果。

再就是流程、材料、设备等都要提前准备到位。比如，可以安装一套可视化的系统，方便现场的讲解。除此之外，要提前调动参与人员的积极性，争取让每一个人都有机会发言。

5. 上下没有对齐，缺少共识

沟通对于战略解码至关重要。战略不能只停留在管理者的脑袋中，要落实到每个员工的理解和行动中。要做到这一点，管理层需要召开战略会，大家一起研讨公司的发展与规划，每个人都提出自己的想法，同时需要让基层管理和员工理解他在做的工作与战略的关系，以及工作的意义，保证上下理解对齐，实现的措施包括：让员工参与部门业务和战术讨论，共同制定工作策略；与员工一起对任务进行解构，分解出完成任务的关键指标；辅导员工制定完成关键指标的战术策略，并制订完成任务的工作计划。

以上是最常见的一些战略解码问题。除此之外，还有诸如战略没有和绩效管理项目连接、目标脱离实际、战略飘忽不定等现象，这都会导致解码后的战略无法落地。

【战略场景】战略解码助推×××公司战略落地

1. 公司介绍

×××公司于20××年×月正式使用战略解码与绩效管理工具，取得了超乎预期的效果，大幅提升了公司的业绩。因此，×××公司决定在内部推行这套工具和方法。20××年×月，公司举行了一次不寻常的战略解码会议。此次解码会中公司全面导入战略解码、平衡计分卡和个人绩效承诺书。

2. 现存问题

在正式引入战略解码之前，×××公司面临诸多问题与矛盾。主要表现在以下五个方面：

①公司缺少战略共识。公司战略没有被管理层与所有员工所理解、认同，企业上下意愿不一致。

②缺少个人考核目标。只有组织目标，没有个人目标，缺少指标考核体系。

③内部缺少协同。部门之间、管理层与员工之间的责任存在许多不清晰之处，日常工作缺少协同。

④战略与具体工作脱节。战略没有被层层分解、落实到具体工作中，公司目标与部门的目标、个人的目标间缺少必要的关联。

⑤没有建立起有效的激励机制。企业高层压力较大，中层和普通员工缺少工作动力，企业没能真正建立以业绩为导向的激励机制。

所以，这也成为从根本上制约企业发展的"瓶颈"。为了很好地解决这一问题，企业引入战略解码，以使企业未来几年新的发展战略能够有效落地。

3. 会议意义

20××年×月，公司在××正式召开了一次战略解码会议。在会议之前，管理顾问向与会人员阐述了会议的意义：

①战略解码能够提升团队的战略执行力。

②通过战略解码会议，解读企业愿景、澄清公司战略、分析公司现状、制订具体的行动计划，并签订个人绩效合约。

③经由战略解码，使企业的职责边界更加清晰，同时建立指标体系，如绩效考核指标等。

④有助于部门间、员工间、上下级之间形成互信、互助、荣辱与共的工作氛围。

4. 会议流程

本次解码会议，主要围绕"×××公司的远景目标与战略主题"，按照战略解码的主要流程有序地展开。远景目标：大幅提升公司的盈利能力，进一步提升品牌形象与顾客黏性，做行业有竞争力的标杆企业。战略主题：差异化竞争战略、成本优势战略、品牌战略。

具体的解码流程为：

（1）明确三大议题

公司战略解码的三大议题包括：围绕公司远景目标与战略主题，总结评价过去几年工作完成情况；分析当前的行业形势及发展趋势，统一思想，达成战略共识；通过头脑风暴的方式，研讨确定20××年公司工作思路、工作重心，并形成战略管理点及年度绩效考核方案。

（2）战略研讨分会

为了提高讨论效率，公司将战略研讨会列为会议议题，与战略解码会的内容分开，由战略规划部门准备出一整套研究报告提交战略研讨会进行研讨，目的是提高战略解码会议的效率和研讨效果。主要内容是：对行业环境和企业现状进行深入剖析，阐述当下面临的核心问题，即怎样提升企业的行业竞争力；提出20××年公司的关键"战役"，即提高资源使用效率，完善产品和服务体系，提升营销能力及公司的战略协同能力等。报告之后，由与会人员展开讨论，并进行优化、分解，最终形成××个年度要打的硬仗。

（3）战略解码分会

一是由规划部门详细阐述公司年度目标的完成情况。比如，经过确认，20××年度公司共实施了7个年度战略管理点，其中，全部完成的有3个，完成80%的有3个，完成度不足50%的有一个。这也暴露出企业管理中的一些问题，会议提出了相应的整改意见。

二是规划部门介绍20××年战略管理点项目设计方案。紧紧围绕公司的战略目标，以5年为一个周期，针对接下来需解决的核心问题，提出了20××年着重要实施的五大战略管理点（每个战略点由3~5个项目组成），并给出了每个项目具体的执行方案及责任人。同时听取与会人员的反馈意见。

（4）听取其他部门的相关报告

主要是听取财务部年度预算报告，以及人力资源部绩效管理专题报告。公司将年度财务预算分解至各部门、各工作小组负责人的个人绩效承诺书中，经过分组讨论，共形成了管理高层个人绩效承诺书12份，部门主管个人绩效承诺书42份。

从第一次引入战略解码至今，公司每个年度都要召开战略解码会，以不断强化战略思维,提升企业的战略定力。几年下来,公司除了建立并完善了与企业战略对应的绩效管理手册,对绩效管理的全流程进行规范化管理,还建立了绩效管理信息系统,对个人绩效承诺书实行了电子化管理。目前,公司已经形成了一套行之有效的、独特的战略分析、战略解码及战略落地体系,这也为公司带来了巨大的商业回报。

未来,公司将继续秉持实践加创新的理念,进一步完善和优化战略解码体系,从而全面地、系统地保障公司当期效益的实现和战略目标的稳步推进。

第6章 战略执行：找到最佳落地路径与实操方法

优秀的战略＋有效的战略实施＝卓越的管理。许多时候，企业最大的痛点不是缺少完美的战略，而是战略无法真正落地。能否让战略高效落地，是衡量一个企业战略竞争力的重要标准。正因为如此，再好的战略不落地，也等于零。

一套有效工具：目标与关键成果法

目标与关键成果法（objectives and key results，OKR）是一套明确和跟踪目标及其完成情况的管理工具和方法，由英特尔公司创始人安迪·葛洛夫发明。OKR 包括两个部分：目标与关键结果。目标是企业长期的使命体现，和团队努力奋斗的方向，具备极高的价值。关键结果是实现目标的关键途径，通过量化关键结果来判断有没有达成目标。

OKR 适用于企业、团队及个人，是一种简便易行的、可促进战略落地的绩效管理工具。OKR 通过绩效管理，促使所有企业员工保持正确的战略方向，并有效地完成任务。因此可以说，OKR 并不是一张待完成的任务清单，或是行动计划书，它的核心思想是战略聚焦。

对企业管理者与员工来说，他们的时间与精力是有限的，OKR 可以使其将更多的时间与精力聚焦在与公司战略相关的重要"战役"及项目上，从而确保战略快速落地。

例如，某公司的战略与年度目标都非常清晰，且对员工有严格的绩效考核，并经常要求员工加班加点。但是，一年下来，公司需要多次修正自己的战略与年度目标，即便如此，年度目标还是难以达成，战略的实现更是遥遥无期。

原因分析：

一是员工的时间与精力大多都用在了与企业战略并不相关的事情上，只注重员工做了什么，做了多少。

二是自上而下强势推进目标，让员工严格按照要求去做。

几点建议：

首先，要让员工有话语权，不要自上而下强推目标。OKR 讲究包容性，让全员参与目标的制定，提升其良好的自我管理能力才是至关重要的。

其次，要让每个员工都有清晰的与战略密切相关的 O 与 KR，以及具体的行动方案。

最后，允许员工积极反馈，因为他们是企业的触角，对变化做出的反应更为敏捷，比高层对市场更为敏感。

可见，要确保战略快速落地，提升员工内驱力与参与感，变"要我做"为"我要做"至关重要。

在战略落地过程中，推行 OKR，不能生搬硬套，把它视为一种工具而硬性导入。尤其对于初次使用 OKR 的企业来说，势必要经历一段试错、纠错、推进的过程，在这个过程中，只有让 OKR 的思想精髓完全融入企业的战略、文化与员工的日常行为中，它才会发挥真正的作用。

作为一种战略聚焦和执行工具，OKR 之所以备受国内外一些知名企业推崇，是因为它与其他工具相比，在有些方面有非常明显的优势。

2017 年，国内一家知名企业曾做过一次绩效管理满意度调查，结果显示：导入 OKR 的团队，在绩效管理各维度的满意度均高于采用传统绩效管理方法的团队，其中 OKR 对团队合作、工作自由度、发挥个人特长、组织开放度等方面的促进作用尤为明显。并且，实施 OKR 的团队，无一例外都不想再导入传统的绩效管理方法。

在企业战略落地过程中，OKR 要确保每一步都要走对，任何一步没有正确实施都不是真正的 OKR。当然，有些公司由于各种原因，在实践中会有一些适应性调整，但根本实践法则一定是整体一致的。有些公司 OKR 推行得并不成功，不是 OKR 本身的问题，而是对 OKR 的认知、实施有误，故其推行的并非 OKR。

例如，某公司的领导一拍脑门，写几个类似 OKR 的目标，然后开个例会，对大家说："大家以此作为自己制定目标的依据。"

这只是做到了一定的目标公开透明，不论在质量上，还是在方法上，均不符合OKR的要求。所以，这并不是OKR，也难以确保战略目标正确落地。

要确保公司战略精准落地，必须严格执行OKR的六个关键步骤（图6-1）。

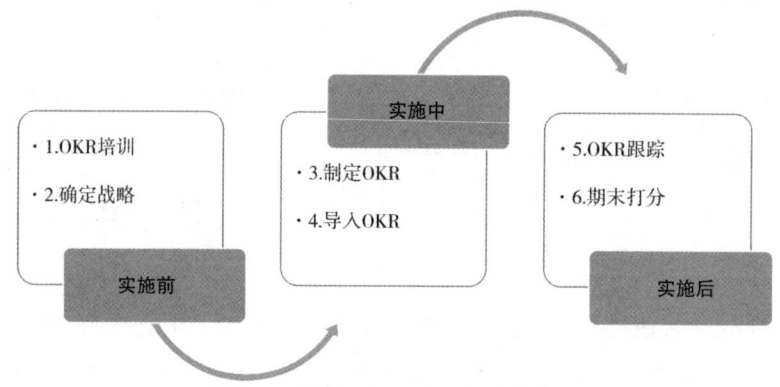

图6-1 实施OKR的六个关键步骤

具体来说，OKR的优势集中体现在四个方面。

一是敏捷开放。OKR不设定具体的目标，一切取决于业务。团队不会每隔几个月，或是每半年就设置一次目标，而是根据实际情况，随时更新目标。

二是公开透明。通常，全员都可以看到公司的OKR，甚至能了解每一个人的OKR进度，这样做的好处是：能引起大家围观的兴趣，进而促进绩效的改善。同时，每一个员工都可以随时表达自己的想法，在线给出评论。

三是由下而上。OKR强调，在员工设定目标时，要有相当一部分是员工自己提出来的，而不是上级指派的。如此，员工才会意识到自己的价值，并愿意为目标付出应有的努力。

四是目标和评价分离。OKR则将目标管理和评价管理分离，目标管理专注于目标的设定、达成及反馈，而绩效评价环节专注于对所做贡献的公平回报。这有助于为员工减压，使其在工作中不致患得患失。

可以说，在绩效管理过程中，OKR不只是一个实用的工具，更是一套功能强大的系统——确保企业战略正确、高效、精准落地。

第6章 战略执行：找到最佳落地路径与实操方法

两大核心逻辑：市场洞察 + 上下同欲

好的战略管理可以达到"上下同欲、左右协同"的效果。但是，在战略执行过程中常常出现这样一些问题，一是战略根本行不通，没有落地方案；二是战略不适合企业实际，方案不具有可行性；三是形成的战略规划，没有人来推动落实，而是束之高阁。

正因为如此，很多老板都有这样的思考：

到底如何才能让所有员工都清楚公司战略？

怎么才能使战略切实贯彻、落地执行？

公司目标、部门目标、个人目标怎么才能都协同？

如何让公司所有人都能向着一个方向使劲？

……

它们看似是多个层面的问题，其实解决的思路是一致的，那就是把握住两大核心逻辑：市场洞察 + 上下同欲。如果说"市场洞察"是做正确的事，那"上下同欲"就是正确地做事。

1. 通过市场洞察，调整战略重心

企业基于当下的不满意，通过机会洞察，分析业绩差距，产生战略。战略实际上是基于市场、用户的洞察，只有基于对用户、市场的洞察，我们才知道自己现在在哪儿、要去哪儿、路径是什么。我们要分析和竞争对手的差距是什么，分析为什么，我们要进入到哪一个领域，参与到哪一个空间去竞争……

如果这些问题都不清楚，那怎么去执行战略？只有深入地洞察市场，才能真正建立起战略控制点。

什么是市场洞察？

就是"有依据"地推进后续的客户细分、目标客户选择,并定位于品牌市场营销组合策略或"战术性打法"。比如,到市场去买菜,有经验的人通常会先绕市场绕一圈,为什么? 先了解下市场大概都卖什么,及不同摊位的价格差别,再选择不同摊位进行砍价。

当然,洞察不是一种思维,而是一种结构方式,切不可错把分析当洞察。为什么我们做那么多分析报告,总觉得没有深度洞察行业呢? 原因在于人对"分析"与"洞察"的理解会出现认知的偏差,确切地说,前者是理解现状,后者是遇见而来。即洞察是把握关键要素,并通过要素的演变趋势预测未来。

那如何进行有效的洞察呢? 关键把握好三点。

(1) 找到超前指标

什么是超前指标? 简单说,就是能预示市场走向的一些指标。比如,我们预测未来刷脸支付将成为主要的支付手段,那"刷脸支付"可以被认为是一种超前指标。特别是在一个细分行业中,能快速找到最关键的"超前指标",说明你的洞察能力很强。

(2) 从第三视角看自己

跳出自己看自己,才能更好地把握自己。星巴克就遵循这样的逻辑,不单纯靠卖咖啡,而是卖家与办公室的"第三场景"。在星巴克,你可以与朋友、合作伙伴轻松交流。

(3) 对周期判断

行业的发展一般分为初创、成长、成熟、衰退四个时期。初创阶段行业容量非常小,消费者对产品缺乏认知,技术发展方向也不是太清晰。成长期产品模式逐渐被大众认可,竞争对手也逐渐出现,市场需求迅速增长。在成熟期,产品技术成型竞争激烈,行业平均利润走低,竞争者相互进入对方的细分市场。在衰退期,新产品和新技术开始出现,老产品的市场份额逐渐萎缩。

2. 保持上下同欲,实现内部对齐

《孙子兵法》中有一句话:"上下同欲者胜。"在战略实践中,真正能做到

"上下同欲"的企业并不多，绝大多数企业的员工都是被动地完成个人绩效，未能与企业创始人或极少数的核心高管保持对齐或同步。

这里所谓的"欲"，其实就是企业的战略目标。企业的战略目标不等于"利润最大化"，它首先要解决企业的使命问题。一个企业在创业初期大多是为了活下来，一旦发展起来，就会拥有自己的产业价值链。这时，企业要思考一个问题：在这个产业价值链上，是谁让自己活得更好或者更久呢？是客户与合作伙伴，是你的员工，还是你的投资人？如果他们从你这里得不到他们想要的东西，你还有存在的价值吗？所以，"欲"是一个战略的概念，而非一简单的经济指标。

如何做到"上下同欲"呢？首先，要保护员工、客户、合作伙伴的利益，不能为了企业的利润而损害他们的利益。其次，全员上下要在思想、语言和行为方向上保持一致。最后，建立好的评估机制，让大家在执行战略的时候感到公平、公正。

很多企业说战略，其实是指战略规划，但未必能有落地方案与相应的执行能力，即使能落地，输出的也多是同质化的东西，形不成差异化优势。严格来说，这样的战略不能称为战略。好的战略，一定是务实戒虚的，不但能与市场完美契合，而且能融入企业各种岗位和人员的日常工作实践中，并且不是只靠管理者的亲力亲为来推动。

三种落地保障：产品组合＋运营战术＋组织能力（组织重构）

一个企业管理者的成功，有80%在于战略执行。很多时候，企业有好的战略，但是执行深度不够，或是方法有问题，而致使战略只得到20%，甚至更少比例的落地，那这样的企业一定是无法提升其战略增长力的。

要解决让战略真正落地这个痛点问题，必须要加强相关的保障措施，而不是只凭高层振臂高呼，或是员工埋头苦干。那么一个战略要落地，需要从哪些层面入手，来做好组织保障工作呢？主要有三个层面：产品组合、关键经营战术、组织保障。

1. 优化产品组合策略

此战略可以理解为经营企业的业务边界，业务边界往往又体现在产品组合方面，产品组合的设计，要重点考虑以下三个方面：

①产品组合要精练。任何一个产品，都要体现明确的战略意义和战略分工，准确界定每个产品在战略全局中的地位，不可以盲目增加新产品。产品组合要足够精练，除了必须要有的分工，原则上能舍弃的都要舍弃。

②产品要有序推出。有序推出产品，有助于稳妥地推进战略，保持战略落地的节奏。如果顺序搞错了，战略实施的效果会有很大差别。

③一个阶段主持一个产品。在企业发展的每一个阶段，最好只有一个主推产品，一个战略重心。在关键战略重心上有饱和的投入，才能有最快速的突破。

2. 构建关键经营战术

关键战术就是基于战略解构而来的执行动作，例如，在推进营销战略落地时应思考：市场布局怎么做，推广怎么做，渠道如何布局，供应链如何匹配，等等。

如果无法将战略落实在每一件具体的事情上，那么战略就是空中楼阁。战略的关键在于形成关键战术，通过关键战术，推动企业把一件件具体的小事做到位，从而实现预期结果。

把战略解构为关键战术时，要把握一个重点：掌握大战术，大战术就是决胜点，大战术就是具有引爆全局效应的战术，对战略的成功有决定性的作用,并且跟其他战术具有联动性,用大战术完成一次完整的进攻。

所以,战略并不是高于战术,战略是为战术服务的,战略本身并无价值,它只有附着在能产生效果的战术上,才能价值最大化。

3. 提升组织的执行能力

战略、战术的具体执行者是人,是组织,战略的高效落地离不开组织能力的提升。但是,大多数企业没有组建正式的战略部门,即便有相应的部门,对其的定位与职能划分也并不合理,这会直接影响企业战略落地的效果。

在互联网时代下,客户的需求、市场的竞争格局都在发生快速的变化,所以,组织重构的核心是促使组织朝着更加开放、敏捷的方向发展,打破传统组织以部门和岗位职能为核心的、层级制的金字塔结构,逐渐转变为一种以满足客户个性化需求为核心的、网状的平台化组织模式。

要提升组织的执行能力,要着重把握好三个方面:一是设计合理的组织结构,让正确的人在正确的岗位上,承担相匹配的责任;二是不断提升关键岗位人员的能力;三是加强组织的执行力素养,构建一套集体共享的做事方法论。

有力的落地保障措施可以让战略高效落地。除此之外,在战略不正确时,它们也可以对战略进行修正。也就是说,它有两个优势:一是从上往下,确保正确的战略得到正确的执行;二是自下而上,在战略执行的过程中,可以根据实际情况修订战略。

总之,战略落地的方法有千万条,提前设计好战略落地实施方案,就如同找寻一条最适合企业通往最终目的地的道路。如果没有系统的战略落地保障举措,企业战略的效果将大打折扣。

四大核心能力：战略力+产品力+营销力+动员力

在瞬息万变的信息时代，企业在战略执行过程中容易被外部的机遇与诱惑所吸引，被市场牵着鼻子走，不断转移企业发展的重心与目标。因此，企业有限的资源不断被飘忽不定的目标所分散，难以形成持续的、强而有力的战略执行能力。

企业的战略要高效落地，除了战略本身要契合企业的实际，还需要企业具备四大核心能力，即战略力、产品力、营销力和动员力。

1. 战略力

对于企业来说，战略虽然重要，但战略不是核心竞争力，战略力是才核心竞争力。一般来说，战略力主要体现在以下四个方面：

一是业务洞察能力。战略的制定是为了企业更好地发展，所以这就要求战略制定者必须具有极高的业务洞察能力。通过前瞻性的先进思维，了解公司外部业务环境的发展动态与行业相关的社会、经济、政策和技术宏观信息，分析对其公司和整个行业可能产生的直接影响。

二是制定业务战略能力。战略不只管理层要明白，更要让全员都理解并认同，只有这样才能保证整个战略的通透性。通过关注公司战略方向，研究内外部环境，结合内部系统与外部资源并确定业务目标和发展方向，从而制定业务战略，实现组织目标。

三是战略解码能力。一个战略目标，仅是企业一个大的发展方向，想要被很好地落实，需先对其进行解码。只有充分了解公司战略目标，通过对行业的理解，对市场的分析，才能制定各项业务子目标与行动计划。

四是战略执行能力。战略执行力是指通过一套有效的系统、组织、文化和行动计划管理方法等把战略决策转化为结果的能力。战略不能执行，一切都还在原点，只有在制定并被执行后才能算是真正的战略。

2. 产品力

一家企业要成长，要发展，归根结底要靠什么？靠产品。产品是消费者导向，消费者要买的是功能、品质、服务等，做到这些实属不易。任何一款好的产品，并不是把功能做得多么极致，而是更早地占据了用户心智。当用户产生某种需求时，第一时间就能想到它，这是由企业的战略，更确切地说是产品力决定的。

什么是产品力？

产品力，即产品对目标消费者的吸引力，主要从产品品质、价格、创新等层面来体现。换句话说，产品力就是一种通过满足消费者欲望和需求，使之产生购买欲的能力。

要做一款好产品，不但需要企业战略的支撑，而且要有强有力的执行团队。其中，精准的产品定位非常重要，这事关企业的战略，其次，产品营销战略也非常关键。一款产品再好，对接不到需要它的人群，也不能称为好产品。

3. 营销力

营销力，也就是常说的营销能力。它体现在三个方面，分别是：价值力、销售力、持续力。

（1）价值力

价值力指企业的产品或服务能带给消费者的价值，体现出企业的产品客观上能多大程度满足顾客的需求。所以，价值力是整个企业营销力的基础。企业能提供给顾客的价值，除了产品或服务本身带给顾客的使用价值，还包括产品品牌和售后服务带给顾客的其他附加价值。

（2）销售力

销售力体现着企业和消费者之间能顺利达成交易的能力。在提供能满足消费者需求的产品的前提下，企业和消费者之间只有通过交易才能各取所需。今天，产品同质化竞争越演越烈，这就需要企业具有较强的销售力。销售力体现在对于产品价格、分销渠道、促销等变量的安排和把握上。

（3）持续力

持续力是企业持续满足顾客需求的能力。企业只有持续地满足顾客的需求，才能实现自身的长期生存和发展。

企业的营销力直接决定了企业生存与发展的潜力，只有不断提高营销能力与水平，企业才能在竞争激烈的市场中取得更好的成绩。此外，强大的营销能力还可以帮助企业树立品牌，这是市场营销为企业带来的隐形资产。

4. 动员力

为什么财力、物力、技术水平等条件相同的企业，经过几年的发展，会呈现出不同的结果呢？原因有很多，关键的一个是"动员力"不同。具备强大动员力的企业，其战略更容易落地，更容易成为行业的佼佼者。

什么是"动员力"呢？

动员力，即组织动员能力，主要包括三个方面，即组织、人、机制。这三者之间相互影响、相互作用。

企业战略需要由不同的工作与行动计划来实现，而这些工作需要落实在每个岗位、每个人身上，如果企业缺少组织力，那么很多工作将无法被承接，或是不能被有效地承接。如此一来，战略目标的实现就没有了保障。

为什么有些企业能一路过关斩将，把产品做到行业第一？就是因为组织动员能力强。企业组织动员员工、合作伙伴等一起干，在组织动员的过程中，大家精诚团结，形成一个强大的执行团队。

战略执行力最能考验企业的核心能力，甚至直接决定企业战略的成败。正所谓三流的战略加一流的执行力，永远比一流的战略加三流的执行力更好。不能执行的不是战略，是臆想；没有战略指导的不是执行，是尝试。所以，企业要高度重视四大核心力的建设，在战略运营与管理中，不断提升自身的战略执行力。

五大助推体系：打造一支高绩效的执行团队

如果把企业比作一枚火箭，要使它飞得更高更远，必须要给它施加强大的、向上的推力，推力越大，上升的速度越快，推力越持久，上升的高度越高。也就是说，火箭要顺利升空，离不开强大的助推体系。

同样的道理，要如期、高效达成企业的战略，也离不开助推体系。搭建战略执行与落地的助推体系，是战略管理的关键。

那么，究竟该如何打造企业的助推体系呢？或者说，建立与完善企业的战略助推体系，要从哪些方面入手呢？主要从四个方面入手。

1. 组织体系管理

一个企业要基业长青，一定离不开与之匹配的组织管理体系。可以说，一流的企业，其公司治理结构、发展理念、内部管理机制等都比较符合企业战略发展方向，并能引导和带动企业可持续发展。其中，组织管理体系是治理机构的具体体现。

企业的组织管理体系没有统一的标准，要搭建怎样的管理体系，完全取决于公司的规模、业务结构与内容等。同时，在组织体系管理中，要把握好以下六点：

①建立科学的治理机构，即董事会、经理层、执行层（中层），也需要设立监事会。

②明确董事会与经理层的权责，董事会不能既当裁判员，又当运动员。

③建立经理层与执行层的沟通模式，并且要有评价体系。

④针对业务性质，经理层授权给执行层，注意做到无漏、无闲，即人人有事干，事事有人管。

⑤制定具体业务的管理标准，让所有工作均应有标准可以参照。

⑥运用好评价体系。很多企业出问题，原因在于没有建立科学、有效的评价体系，或是有了该体系，却束之高阁。

2. 目标激励管理

执行团队可以分为有效团队和无效团队。有效团队可以实现"1+1＞2"的效果，而无效团队则像是一个团伙，各自为战。团队之所以没有战斗力、内聚力，很重要的一个原因是目标激励不科学、不完善。好的绩效目标管理，可以像引擎一样驱动团队勇往直前。

如何进行有效的目标激励管理呢？关键有两点。

（1）设计合理、科学的目标

任何一个团队能力的打造和设计，在大的方面，要服务于战略目标，在小的方面，要服务于战术目标。在做激励体系之前，一定要明确当前的战略目标与战术目标是什么。通常，战术目标可以分为过程目标和结果目标。

过程目标可以分为三大类：服务指标，如客户响应率、客户满意度等；交付指标，如交付率、交付周期等；使用指标，如活跃度、健康分等。虽然不同的公司，对每类指标的评价方式不一样，但是，都得确保各类指标可被量化、可被落地、可被管控。

结果目标就是要达成的阶段性的，或是中长期的预期结果。比如前面介绍的OKR，就是一种结果目标的考核与管理。

（2）基于目标设计进行激励

在确定目标之后，要设计对应目标的激励内容，如短期激励怎么设计，长期激励怎么设计等。通常，短期的激励有底薪、绩效、提成、奖金，长期的激励有股权、期权，还有KPI、OKR等不同的激励方式。

3. 干部人才管理

任何一个行业的头部企业，都是其他企业研究的对象：这些行业的龙头企业为什么能够成功？答案有很多种，但有一点是共通的，即企业不但有一

第6章 战略执行：找到最佳落地路径与实操方法

批高素质的管理人才，还有一套高效的干部人才管理模式。

干部强则企业强，如果公司在发展中缺乏得力干部，干部培养难，那很可能就守不住阵地，导致败退。然而很多企业正或多或少遭遇以下境遇：业务发展快，干部能力提升慢；提拔干部时没有合适人选，只能从矮子里拔高个儿；受限于现有管理团队，基层干部成长不起来，等等。

那如何提升干部人才管理水平呢？关键要突出"三力"。

（1）决断力

很多企业，在选择部门一把手时，首先考虑的就是候选人是否具有较强的决断力。为什么呢？因为一把手要率领千军万马在模糊的环境下找到正确的方向，在别人普遍看不清未来、找不到突破口的时候，他能看到别人看不清的战略机会，而且他敢于拍板，敢于承担拍板后失败的责任，体现了胆识和魄力，这就是决断力。这是一把手必须具备的素质。

在这里，"决断"有两层含义：一是看得远，二是敢担当。一个人如果只是看得远，他往往只能做一个参谋，只有敢担当、看得远，才能成为一个合格的管理者，才能把队伍带到正确的方向上去。

（2）执行力

执行力是指贯彻战略意图，完成预定目标的操作能力。执行高于一切，无论准备工作做得多么充分，执行的方案有多么完美，假如离开执行，一切就都没有意义。

对个人而言，执行力就是办事能力；对团队而言，执行力就是战斗力；对企业而言，执行力就是运营能力。

（3）人际连接力

特别是中层管理干部，一定要扮演好承上启下的角色，即要有较强的人际连接力。对上，要能够反映新的问题，以供高层决策；对下，要能准确传达企业的战术打法，并带领团队冲锋，使上下保持一致，左右保持同步。

4. 全面预算管理

全面预算管理，是利用预算对企业各部门、各单位的各种财务及非财务资源进行分配、考核、控制，以便有效地组织和协调企业的生产经营活动，完成既定的经营目标。

要有效实施全面预算管理，一定要充分调动每个管理层的积极性与创造性，强化其责任意识，形成预算执行与控制的责任体系，保证预算执行的进度和效果。全面预算执行与控制的具体内容包括全面预算的分解、执行和调整等。

（1）全面预算的分解

首先，在预算批复下达后，将年度预算分为月份和季度预算。

其次，将全面预算分解为部门预算，明确各预算执行单位的工作目标。

最后，各预算执行单位将预算指标层层分解，并落实到内部各部门、各环节和各岗位，形成全方位的预算执行责任体系。

在进行全面预算分解时，要遵循四个原则：保证指标的可衡量性；保证指标分解的彻底性；保证做到责、权、利的有效统一；保证预算指标的落实。

（2）全面预算的执行

主要包括四个方面：内部结算价格与结算方式；预算信息报告制度；预算仲裁制度；预算的考核反馈。

（3）全面预算的调整

单位正式下达执行的预算，一般不予调整。如果预算执行单位在执行中，发现市场环境、经营条件、政策法规等发生重大变化，而导致预算的编制基础不成立，可以进行调整。

5. 复盘体系管理

建立并加强复盘体系管理，不仅能解决具体业务问题，也能提升组织的效能与执行力。完整的复盘体系包括以下五个方面：

①划定复盘业务范围，超出范围的业务活动不是本次复盘的内容。

②界定起止时间点，超出这个时段的事情不是本次复盘的内容。

③回顾目标，包括罗列总目标、阶段目标；收集、分析与目标相关数据；拆解相关目标，厘清各个分目标之间的关系；评估目标达成情况等。

④对现行的运营、管理等策略进行全方位评估。

⑤在复盘的收尾阶段，要简明扼要地进行总结，复盘结束后，需要将复盘的过程和结论归档，并监督落实。

综上所述，五位一体的助推体系，不但提升了企业的整体的运营效率，而且全力助推战略纵向贯穿落地。与此同时，这五大体系互相联动，有助于企业动态地调整战略规划。因此，该体系能从根本上提升企业的战略执行能力。

【战略场景】战略高效落地，支撑××公司成功转型

××公司，是一家食品企业，主营肉肠类产品。近几年，由于行业竞争加剧，公司业务增长乏力，想要向上突破，难度极大。

企业通过战略分析发现：公司的肉肠设备、技术、产能均领先于行业，但不具备大规模生产的能力；成本不占优势；与行业内的龙头相比，公司的品牌知名度较低；产品比较单一。

最后，公司给出的战略定位是：重新整合、配置企业的资源，争取从一个方向突破。从哪里突破呢？鸡胸肉肠。

为什么是这个方向？

因为猪肉肠的市场容量虽然很大，但是市场竞争也非常激烈，通过产品

细分、渠道精耕，虽然可以获得一定的市场，但难以建立品牌优势。鱼肉肠虽然是一个"增量"市场，但公司在这个方向缺少技术优势。

相对而言，在鸡胸肉肠品类方面，没有绝对的领导品牌，目前处于早期竞争阶段，并且集中在线上竞争，是建立品牌的绝佳机会。于是公司开始切换赛道，锁定鸡胸肉肠这个品类。

明确了战略方向后，战略该如何落地呢？

首先，面对这个全新的市场，公司采取全新的品牌来运作。例如，公司注册了一个新的商标，设计了品牌商标，提出了新的品牌口号，并对品牌营销进行了详细规划。与此同时，根据已经确定的市场赛道和目标客户群，进行差异化的产品卖点包装、产品形象包装、店铺形象包装。

其次，对产品线进行了合理规划。主要产品线有两条：一是全渠道核心产品，如鸡胸肉肠、鸡胸肉、蛋白棒；二是线上旗舰店产品，即在全渠道产品的基础上，增加了粗粮面包、荞麦面、魔芋面等相关品类。线上旗舰店相当于品牌专卖店，产品相对丰富。

最后，产品卖点提炼。产品卖点就是消费者购买理由，购买理由是产品差异化的核心价值，解决消费者为什么"买你不买他"的问题。为了解决大部分减脂人群关心的"控糖"与"控脂"这两个痛点，公司研究了新的配方，把它融入新产品中，并给出了产品的新卖点：低脂肪、高蛋白、100%无淀粉。这对产品价值产生了强有力的事实支撑。

另外，公司请一些知名网红做形象代言人，并在一些大的电商平台进行广告宣传，清晰地传达了产品的价值及品牌定位。

这些战术打法，确保了企业新战略的成功落地。仅用了两年时间，公司就实现了成功转型，从一家传统的主营肉肠类产品的企业，转型为一家线上线下相结合的新零售电商。企业的品牌价值、规模、利润率得到了爆发式增长。

第7章 战略评估：通过『战略复盘』来纠正偏差

市场环境瞬息万变，不论在制定战略时考虑得多么全面，都需适时、客观、高效地对正在实施的战略进行评估，并据此采取应对行为，这是保证企业实现既定目标的必要条件。

战略评估：你的战略正确吗

一个有效的战略仅是战略成功的前提，企业管理者必须学会通过战略评估和控制系统来保证战略的正确实施及落地。

在企业运营中，如果缺失了战略评估这一环，管理者定会产生这样的疑问：

"什么是好战略？"

"什么是坏战略？"

"企业制定了战略后，如何知道它的好坏？"

要回答诸如此类的问题，必须先要进行战略评估。什么是战略评估？评估，一般是指明确目标测定对象的属性，并把它变成主观效用的行为，即明确价值的过程。战略评估就是检测战略实施进展，评价战略执行业绩，不断修正战略决策，以期达到预期目标。

那略评估是基于什么而进行的呢？主要有两个方面：

一是当企业的内外部环境不断地变化，在这种变化累积到一定程度时，原有的战略就会过时，尽管战略的制定在很大程度上依赖于对未来的预测，然而这种变化是没有办法完全预知的。

二是即使战略基础没有发生变化，制定的战略也比较成功，但在执行的过程中出现了偏差。

可以说，战略评估就是监控战略实施，及时反馈，并对战略目标或实施进行调整，保证既定战略目标的实现。

通常战略评估包括以下三项基本活动。

1. 考察企业战略的内在基础

战略选择是内外部综合分析的结果，其基础是企业对内外部环境的认定。如果这些基础发生了变化，那么战略方案的合理性就会受到影响。战略评估的一大特征就是，注重对环境变化的监测，即便当下的业绩不错，对于战略管理来说，还需着眼未来发展趋势，实时地做出合理的调整。

2. 将预期业绩与实际业绩进行比较

业绩比较是传统的评估内容，通过对比业绩，一是可以发现执行过程中的一些偏差，二是可以从中发现战略制定的失误，以及环境变化所带来的一些问题。

3. 分析偏差的原因及应采取的对策

这一部分属于控制算法系统，其工作的重点在于判断偏差是执行不力产生的，还是原有战略方案的问题，或是环境变化使企业战略失效。在正确判断下，才可能做出有效的调整。

在现实中，经常见到这样的战略评估场景：

会场有多位评估人员，某位管理人员打开自己的电脑，以投屏的方式，一页接着一页讲述PPT。全程都是他一个人在说，鲜有人提问，会场死气沉沉。在长达两三个小时的会议中，大家都没有什么独特的见解，也没有提出像样的行动决策，似乎都对当前的战略规划、战略执行等比较满意。会议结束后，大家相继回到自己的办公室，好像什么事儿也没有发生过。

战略评估应该是一种充满创造性的工作，而不是例行公事。如果在评估中体现不出任何创造性，那这样的评估就没有任何意义。在评估中，与会人员应该就所讨论的问题给出清晰的结论，每个人都明确自己的责任；同时，领导者要及时跟进，确保所有人对评估结果达成共识。

战略选择评估

如果企业有一定的规模,业务单元较多,那企业在调整发展战略,特别是在确定主营方向时,可能会对一些业务单元做出取舍,究竟要舍弃哪些、保留哪些、重点发展哪些,需要在战略选择评估的基础上做出选择。

所谓战略选择评估,即对选定的战略进行评价,或是对众多战略备选方案进行评价,以从中选择或是舍弃某些方案的过程。管理者在对现行战略,或是备选战略进行评估时,需要从多个维度评价、检验与比较。通常,根据评估的视角不同,可以划分为生存评估、发展评估、关系评估和标杆评估四种评估。

1. 生存评估

生存评估,也称风险评估,即通过对业务单元所面临的威胁与弱点进行评估,进而做出决定:是否要舍弃这一业务。

如果通过评估发现,某行业的风险非常大,尤其是外部的威胁严重,且自身的弱点又很突出,企业在该业务上很难有所作为,说明该项具有生存威胁。如果一项业务具备上述特征,则无法通过生存评估,管理者应予以舍弃。一项业务虽然暂时面临生存威胁,但是具有良好的发展前景,则应通过生存评估。

如果一个企业打算对某项业务采取发展战略,则它必须要评估这一业务所在的产业当前及未来是否能够继续存在下去,其产业的空间究竟有多大,如果通过分析发现,该产业正在逐步萎缩,产业空间越来越小,则这一业务所面临的威胁就比较大。同样的道理,即便该行业在一段时期内依然存在,但是由于市场被高度垄断,行业竞争激烈,企业在该项业务没有多少发展空间。这也说明这种业务不能通过生存评估。

2. 发展评估

发展评估也称收益评估，是指通过对企业的业务单元所面临的机会与优势进行评估，并做出舍弃或进入下一环节评估的决策过程。假如现在有一项业务，通过评估发现，它不但能够较好地发挥企业的资源优势，而且非常契合当下市场的需求，说明这一业务的发展性与收益性较好，可通过发展评估。

如果一个企业打算采取多元化战略，以进军一个新的行业，发展一项新的业务，则一定要先评估这个行业中的机会，尤其要评估这个行业的市场容量及发展趋势。如果市场容量较小，未来的趋势不明朗，说明这个行业的发展性较差。除此之外，还要评估企业的发展潜力，即自己能否在这个行业立足，并建立起一定的竞争优势，或占据一定的市场份额。如果行业发展的前景差、市场容量较小，且企业又没有足够的资源与实力去拓展市场，则该方案不能通过发展评估。

3. 关系评估

关系评估涉及多个业务单元，是业务组合决策的基础。该评估的目的，是要明确各个业务单元在公司的地位与价值，评价每个业务单元相对于其他业务单元的作用，即某项业务是否为公司的主营业务，如果不是，它与主营业务有什么关系，某项业务是否体现了公司的核心竞争力，等等。

如果评价的结果是，某业务单元对于公司战略具有重要的价值，且与公司的一些主要业务相互支撑，则通过关系评估。如果某一个业务单元与其他业务单元几乎没有关系，对于公司战略，以及部门目标的实现没有多少价值，则不能通过关系评估。

4. 标杆评估

标杆评估侧重于从整体上评价公司战略，同时，它也可以用于对业务单元进行评价，它是指通过对标杆企业的考察而进行的一种实践性评估。企业在决定舍弃哪些业务单元,并形成组合战略方案后,通常还需进行战略评价与选择,这是因为公司在拟定战略时会产生多个备选方案,标杆评估有助于决策者在众多的备选方案中进行选择。

综上所述,生存评估与发展评估的主要对象为业务单元。在对各个业务单元进行生存发展评估和关系评估之后,可根据不同的假设和预期,拟定多套公司战略方案,对于战略备选方案,可再次进行生存评估与发展评估,并在生存评估与发展评估之后再进行标杆评估。换言之,业务单元需要进行四重评估,即生存评估、发展评估、关系评估与标杆评估,而公司战略则需要进行三重评估,即生存评估、发展评估与标杆评估。

这四种评估理论上是一种串联结构,在实践中,其并不一定是串联的,也可能是并联的。在并联的结构下,企业进行战略评估时主要是对这几个方面分别进行评估,并在各自评估的基础上加以综合,最后给出战略选择。在战略制定的实践中,这也是一种较常见的现实场景。

战略规划评估

很多公司在创立时,没有制定发展战略规划,是因为觉得这个行业很有发展前景,计划跟不上变化,无须制定条条框框,只要紧跟市场步伐就可以了。也有些企业,从一开始就制定了清晰的战略规划,这么做的目的很明确,就是得到更多融资。

结果呢,有90%的创业企业最后被淘汰了。为什么?因为没有规划,或是规划出了问题。规划有问题,根本原因在于对市场的研究不到位,对行业的认知存在缺陷,或是各种资源准备不足、配置不合理。

第7章 战略评估：通过"战略复盘"来纠正偏差

因此，在制定好战略规划后，一定要进行战略规划的评估，通过科学、合理的评估判断公司战略是好是坏，是否切合公司实际，是否能与市场或行业的发展趋势保持一致。

通常，企业在制定战略目标后，便需要对战略规划进行评估。如何评估企业战略规划呢？主要有六个步骤。

1. 对制定战略规划的背景情况进行评估

战略规划的背景，主要是指对企业的背景资料，如企业成立时间、出资情况、管理人员的专业背景、主营业务情况、技术、人才、资源情况，以及当时行业竞争态势和整体的商业环境等。了解了制定战略规划的背景，便可以就事论事，客观、全面地审视规划中存在的一些问题。除此之外，还要对制定战略规划的人员进行"摸底"，了解他们的能力、专业等。

2. 对相关的商业机会进行评估

在战略规划中，通常会提到行业前景，以及企业的商业机会所在。在进行战略规划评估时，要对这些商业机会进行评估，重新审视这些所谓的"机会点"，如有关商业机会的分析报告出自哪里，权威性如何；这些机会出现的可能性有多大；行业的发展会迎来哪些机遇，遇到哪些"瓶颈"；如果机会真的来临，首先利好行业中的哪些企业；企业应该进行怎样的组织变革，以提升把握商机的能力，等等。

当然了，有机会就有风险，它们像一对孪生兄弟，在评估、识别机会的同时，也要客观、理性地看待预期的风险。

3. 对整个战略方案进行评估

战略方案本身是一个有机整体，它由若干部分构成，其中，有些规划是合理的，有些规划可能存在问题。对整个方案进行评估，就是从整体上来审视规划。评估内容包括：整个方案分几个部分，哪些部分务虚，哪些部分务实；战略是超前还是滞后；各个行动计划是否具有可行性，是否与企业组织能力、人才、资源等相匹配；战略落地的保障措施与助推系统是否有效，等等。

4. 评估规划与人才资源的匹配度

企业要落实战略规划，归根结底要靠人。如果战略规划看上去很完美，但是与企业的人力资源严重脱钩，那这个战略规划就没有多少意义。

看人才，首先要看老板，或是公司的创始人，如果老板的能力或格局有限，他的人才战略本身就存在问题，那他的战略规划势必会受此影响。比如，企业的战略规划中有这样一条："积极引进高端技术人才，走自主研发的路线。"而现实中，老板的一贯认知是：我们是劳动密集型企业，主要做贴牌生产（OEM），企业获利的主要逻辑是降低人力成本，提高订单量。如此一来，战略与企业现实做法是两张皮，没有任何关联度，这样的战略规划就是空谈。

战略一定要与人才资源相匹配，为此，在进行相关的评估时，着重要评价：企业创始人的人才观；企业的组织框架；企业的人才结构；战略规划对人才的定位与描述；人才因素在构建企业核心竞争力中的作用，等等。

5. 对相关财务情况进行评估

从看一个企业如何花钱，便可以大致了解这个企业的生存状况。通常，一家优秀的企业，有严格的财务审计制度，钱怎么花，花在了哪里，预期的回报是什么，等等，都会给出明确的答案，而且在战略规划中，也会对涉及财务状况的问题进行准确而清晰的描述。如果企业花钱没有章法，那企业一定是存在问题的。如果在规划中有关财务情况的描述含糊不清，那可能存在一些隐患。

在评估战略规划时，有关财务的部分要着重评估这些方面：上项目或购设备等，由谁决定；公司预期的年度营业额、支出、利润率等；公司的现金流对战略规划中的哪些部分有较大影响；财务资料是否清晰而连贯等。

6. 对规划的可操作性进行评估

战略的可操作性是战略执行、落地的前提。假大空的战略就不具有可操作性。有些战略规划中有关行动计划的表述模糊不清，或是方法性不强，这样的战略规划也不具备可操作性。在对规划的可操作性进行评估时，可以从这几个方面考虑：执行标准是否可以量化；方法是否可行；执行条件是否具备；考核标准是否公平、公正；战略目标是否与员工的目标背离，等等。

经由上述六步的评估，可以基本判断一个战略规划是否可行，或是清楚影响其落地的关键症结在哪里。

战略实施评估

先看一个例子。

有一个餐馆老板，想效仿某知名餐饮企业，要把服务做到极致，以赢得好口碑。于是，他花了一个晚上的时间，做了一套"极致服务"的战略PPT。第二天一早，就把这套服务理念传授给员工。

但是，几个月下来，门店的好评率还是没有提上去。甚至有不少顾客的评价是：

"包装太简单，感觉不卫生。"

"菜量越来越少，老板真会做生意。"

"下单后40分钟才收到，菜都凉了。"

老板一直认为，是同行雇的"水军"在"黑他"。

其实，且不论这个一夜之间搞出来的"战略"是否有问题，仅餐馆现有的组织架构、人员等，就不足以承载新的战略，至少，老板要培训员工，得有详细服务、考核标准，即新战略要成功实施，组织在各个层面都要做相应的调整，以使各要素与战略相互协同匹配。

战略实施评估是战略评估中的非常关键的一步,也是企业进行系统性战略管理的重要一环,它的意义在于,审视企业现有各要素、内外部环境等是否与战略相匹配。更准确地说,政策、市场、行业环境,以及企业的人、财、物等都是变量。企业在战略实施过程中,要认真考虑每一个变量。如果某个变量发生了变化,就要做出相应的调整,如果大部分都发生了变化,甚至是根本性的变化,那就要考虑:整个战略是否依然有效,要不要推倒重来?而不能只是对战略修修补补,即在战略的执行过程中,如果见不到什么效果,就要考虑对其进行修改,以避免在错误的道路上盲目狂奔。

1. 战略实施评估的内容

战略实施评估是一个系统性评估,也是一种逆向评估,主要内容包括:战略实施效果评价、战略实施过程评价、战略制定评价三个部分。

(1)战略实施效果评估

即对战略目标实现效果进行的评估。通常,企业的战略目标是一个体系,主要包括战略转型目标、市场或行业地位目标、经营目标、管理目标等。战略实施效果评估,一是通过对比,找出战略目标与战略结果间的出入,二是分析差异的原因。差异原因主要来自两个方面:一是外部的政策环境、市场环境、竞争环境等,二是内部的资源和能力水平与目标的匹配度。

(2)战略实施过程评估

指照战略实施举措进行分析评估。战略实施举措是企业战略制定时实现战略目标的手段、措施、方法等,战略实施过程评估的内容有:逐条评价最初的战略实施举措是否得到有效贯彻实施;实施后的效果如何;分析实施偏差的原因。这个原因主要源于企业内部,如企业的管理体系、组织架构、资源配置、激励导向与力度、干部能力与特点、企业文化氛围等与战略是否匹配。

(3)战略制定评价

即评价最初的战略制定,主要内容包括:战略体系是否完整;战略体系是否和谐一致;最初的战略研究分析预测是否准确合理,等等。

2. 战略实施评估的组织开展

要进行有效的战略实施评估,需要把握好四个环节。

(1)动员环节

对战略实施评估进行详细部署,企业通过开会或书面通知的形式,明确各个部门、岗位在评估过程中的分工、计划、任务和要求等。

(2)准备环节

对战略实施评估内外部数据、信息进行收集、汇总、比对,使战略实施的效果得到数据化呈现。

(3)研讨环节

各个系统、板块、区域对战略实施效果进行分析、研究,主要是找原因、找问题,落脚点是解决思路和办法,最终要形成书面报告。要特别注意,在这一环节,公司领导最好亲自主持研讨工作。

(4)总结环节

对整个战略实施的总结深化,需要企业主要领组织管理团队与中层骨干一起研究分析,对研讨环节涉及的问题进行归纳、总结,并得出新的认识,并以此统一思想,凝聚共识。

完成总结后,战略实施评估才算结束。这时,企业可以着手准备战略调整或制定新战略。

3. 战略实施评估需注意的问题

在开展战略实施评估时,要特别注意以下两点:

(1)一把手必须亲自参与

战略实施评估是"一把手"工程,需要企业高层高度重视,认真组织。避免领导只讲几句话,或是战略管理部门只写个评估报告,而需要全面部署,全员参与。

(2)不要眉毛胡子一把抓

战略实施评估涉及的点多、面广,必须抓住重点、有所侧重。形式上要做到系统全面，内容上要抓住重点关键。

在现实中，有些企业有明确的战略目的，有细致而又充分的执行计划，但是因缺少跟进评估，在战略执行过程中，不能有效识别风险、调整方向、把控进度，进而影响战略的落地。及时准确地评估战略的实施情况，以及战略与环境的匹配性，以预测经营过程中可能出现的问题，并及时调整企业战略，以获得持续的竞争优势，这是每个企业都应认真做好的事情。

战略绩效评估

绩效评估，是根据部门和员工的绩效合同，通过各种方法和手段收集信息和数据，并按绩效的衡量标准对部门和员工的实际绩效及表现进行评价。如果在其前面加上"战略"，即"战略绩效评估"，则就上升到了企业层面。

那如何来定义战略绩效评估呢？通俗地理解，是指在战略执行的过程中对战略实施的结果从财务指标、非财务指标进行全面的衡量，通过战略实施成果与战略目标的对比分析，找出偏差，并采取措施纠正。可以看出，战略绩效评估更像是一种战略控制手段。

在进行战略绩效评估时，要求企业全过程、全方位参与，且涉及计划、组织、领导和控制等各项管理活动，主要内容包括两个方面：一是围绕企业战略管理制定科学规范的绩效管理制度，牵引企业各项经营活动始终以战略为中心展开；二是依据业绩管理制度对上一个业绩循环周期进行检查，对经营团队或责任人进行绩效评价，并据此进行价值分配和权力分配。

常用的方法是平衡计分法。简单来说，就是从四个方面来洞察企业。

顾客角度：顾客是怎样看待我们的？

内部角度：我们必须建立哪些优势？

学习与创新角度：我们进步的空间有多大，还可以创造多大的价值？

财务角度：我们如何满足股东的利益？

该方法弥补了传统评估体系只注重财务指标的缺陷，新增了三个角度——顾客、内部业务流程及学习和发展。它们能使企业在了解财务结果的同时，对自己未来发展能力的增强和无形资产收购方面取得的进展进行监督。平衡计分法并不是取代财务指标，而是对其加以补充。

不论采用什么样的方法，在设计具体的评价指标时，都要坚持以下四个基本原则。

1. 实用性原则

设计评价指标体系是为了方便量化、使用。因此，设计评价指标体系需做好以下几点：

首先，评价指标体系简单。在基本保证评价结果客观、全面的情况下，指标体系的设置要尽可能简化，尤其要去掉一些对评价结果影响较小的指标。

其次，数据要易于采集。评价指标所需的数据要易于采集。

再次，计算方法要简便。所涉及的各项评价指标的计算方法要简单，得出的各项数据要进行标准化、规范化处理。

最后，便于质量控制。要在评价过程中做好质量控制，一定要保证数据的准确性、可靠性，以及计算的正确性。

2. 系统优化原则

对企业的绩效进行准确评价，要用到若干个评价指标。指标之间一定要相互关联、相互制约，能够形成一个指标体系。与此同时，指标之间要边界分明，避免重复评价。为实现系统优化原则，在设计评价指标体系时，可采用系统方法，如系统分解和层次分析法，将总目标分解为次级指标，再把次级指标分解成第三级指标，整个目标体系可以通过树状结构呈现出来。

3. 通用可比原则

评价指标体系须在两个方面具有通用性和可比性：

一是同一企业的两个不同时期做比较时。这一点比较容易做到，其条件是，指标体系和各项指标、各种参数的内涵与外延保持稳定，且用以计算各指标相对值的各个参照值不变。

二是不同企业使用同一评价指标体系进行评价比较时。要使不同企业使用通用的评价指标体系，并且使评价结果具有可比性，就得想办法找出它们的共同点，并按照共同点设计评价指标体系。

4. 客观公正原则

绩效评估是根据关键绩效目标进行的。首先，要根据绩效目标收集相关的信息和数据，以确保绩效评估的信息和数据客观、全面、可靠、公正。绩效评估的信息和数据源于两个方面：一是企业不同部门提供的数据，如销售额、利润增长率、新产品成长率、产品合格率、员工满意度等；二是绩效管理周期中收集和记录的关键事件或数据，如工作成绩记录表、异常信息反馈、工作检查记录等。

在评估时，要选取客观、公正、科学的评估手段，使绩效评估能公平地反映每一个评估部门和员工的绩效情况，从而得出企业的绩效情况。与此同时，要对评估部门进行有效的监督。

如今，战略绩效评估的过程、指标等越来越标准化、合理化，过去那种"为了评估而评估""上级一人进行考评"的现象越来越少，这极大地激发了员工的积极性，提升了组织的活力。可以说，新的战略绩效评估的理念，使评估的核心由控制员工走向支持战略，使企业最大限度地向所期望的方向去努力。

【战略场景】××公司战略风险评估报告

为了深入了解,并掌握企业的发展现状,加强企业风险管理,找出企业在经营管理中存在的薄弱环节,提升企业的风险控制能力,董事会下设风险管理委员会,并制定了相应风险应对策略,对20××年度企业面临的各类风险进行有效评估,从而实现对风险的有效控制。

1. 企业基本情况

公司名称:××××

公司地址:×××市×××街道××号

企业经营范围:×××××

公司股权架构:××××××

风险管理委员会组织架构

20××年,公司董委会下设了风险管理委员会,委员会由三名董事组成,设主席一名,委员会主席主持委员会工作。委员会负责集团公司内外部风险识别、分析并制订应对措施,持续提升公司风险管理水平。

2. 企业风险评估情况

(1)组织架构

公司决策流程运行有序,组织架构职能分工明确。涉及重大事项、重要决策、重要人事任免,须经过股东大会及董事会集体商议,尤其是对子公司的发展规划与人事任免,必须经由董事会讨论决定,组织架构不存在重大风险。

(2)发展战略

董事会按照股东大会决议设立了战略委员会,并审议通过了战略委员会工作细则,主要负责对公司未来发展战略和重大投资决策进行研究。

（3）人力资源

公司制定了详细的人力资源管理流程与内控制度，从人才招进、员工培训、员工离职、薪酬与考核、劳动保险等各方面，建立了详细的内部控制流程与制度，及时与关键岗位人员、重要岗位离职人员签订了商业保密协议。

受当前外部环境因素影响，企业存在一定的人力资源不足的风险，公司经过校园招聘、人才市场、内部职工推介，以及校企业联合等方式，有序扩大人力资源引进范围，保障公司人力资源需求。

（4）资金活动

首先，公司有健全的财务管理制度，对资金管理严格控制，在规范审批流程与付款控制的同时，加大稽查力度，保证了资金安全，提高了资金效益。公司制定了规范的融资、投资方面的决策制度，对子公司资金活动进行统一控制。

其次，公司严格控制筹资途径与方式。公司按照筹资额度执行逐级决策制度，以限制经理办公会、董事会与股东大会的决策权限，规范了借款、还本付息等资金收付流程。

再次，建立健全投资管理台账，时刻关注被投资方经营情况，定期对投资进行了评估。

最后，公司定期制订资金运营计划，规范资金收支管理，严格控制运营资金支付权限审批，确保运营资金安全与资金效益。

经过严格的检查评估，未发现企业在资金活动方面存在重大风险。

（5）采购业务

公司严格执行《物资采购管理制度》《固定资产管理制度》《招标管理制度》《付款方式及流程管理办法》等制度，有效规范了公司的物资采购计划审批流程、采购价格审批流程、采购结算审批流程与付款审批流程，规避了采购计划、供应商选择、采购验收等环节风险。经过严格评估，未发现重大采购业务风险。

第7章 战略评估:通过"战略复盘"来纠正偏差

(6)资产管理

为了加强资产管理水平,公司实行了《存货管理制度》《固定资产管理制度》《物品放行管理制度》等制度,有效地控制了各类资产管理风险。

存货管理方面,公司充分利用ERP企业资源管理系统,规范了出入库流程及存货检验流程控制,未发现存货方面存在较大的流失、盘亏与毁损的风险。

固定资产管理方面,公司规范了申购、采购、验收、调拨、修理、报废等业务流程,定期对资产进行清查盘点,有效地避免了固定资产管理风险。

无形资产管理方面,公司及时对有自主知识产权的科技成果申请了专利,并通过定期对商标、品牌注册及延长使用期限等方式,提高了企业无形资产的有效利用。

(7)销售业务

公司实行了《销售合同生产组织管理办法》《客户授信管理制度》,加强对销售订单生产流程的管理,确保销售合同按期交货。同时,对各个客户进行信用评价,针对评价结果进一步采取不同的销售策略,确保企业应收账款的回收率。

经过销售价格集体审核的方式,确保销售价格的合理性,规避了销售与收款环节的各种风险,确保了公司国内外销售业务的顺利有效实施。

(8)研究与开发

对一些重大科研项目,公司通过立项、审批流程,对研发经费进行严格控制,并纳入技术中心工作计划与考核体系。对科研成果及时进行评价并申请专利,保证了企业科技成果的效益性。

……

(12)财务报告

公司严格按照《企业会计准则》《企业会计准则应用指南》的要求,制定了统一的会计制度,优化会计报表编制与审核流程,定期出具会计报表与财务分析报告,提交董事会及经理层,为后期经营决策提供参考。公司不存在违反会计法律法规和国家统一的会计准则制度现象。

3. 风险评估建议

企业建立了完整的风险管理与内部控制体系，虽然在×××项目的预算方面存在一定程度的管理风险，但是，企业采取了及时有效的防范措施，很好地控制了管理风险。评估认为，××公司不存在重大经营风险与管理风险。

风险管理委员会

第8章 战略控制：让战略与市场更好地匹配

正确而有效的战略控制，不仅能够及时发现和纠正偏差，确保战略目标的实施，在特殊情况下，还可能提出新目标和新计划，导致组织结构及管理方法的重大变革等，即战略管控除了要确保战略的顺利实施，还要助力战略的结构性调整或制定新的战略方案。

战略控制，让管理回归简单

在企业管理中，常见到这样的现象：管理人员忙得四脚朝天，但是工作效率很低，不是经常搞错工作方向，就是把时间与精力用在了一些细枝末节的工作中。结果呢？团队业绩上不去，战术目标无法实现，只能抱怨连连：员工整天混日子；客户就会挑软柿子捏；领导不能提供更多的支持，等等。

其实，这都是问题的表面，根源在于"控制"。在管理学上，有一种观点：管理控制的最高境界就是，不控制也能达到目标。要保证战略、战术目标的达成，不是要去控制员工的具体行为，而是从整体上去积极规范、引导，从而实现自己的管理意图。

比如，你认为员工不够出色，那就要制定严格的选人标准；如果你认为团队的效率不高，那就去建立规范的制度、流程、操作标准；如果你认为工作氛围不够浓厚，那就尝试引入竞争机制，等等。这就是我们说的"战略控制"。

差劲的管理者，眼睛总是会盯着员工，"你这里错啦""你那里做得不对""就不能更上进一点吗"……自己累不说，员工也会嫌烦。在《左氏春秋》中，有一句话叫："一将无能，累死三军。"说的是，战国时期只会纸上谈兵的赵军元帅赵括，由于缺少率军打仗的能力，而葬送了四十万将士的性命与赵国的前途。后来人们常以此来形容，领导者若不会带团队，下属会跟着遭殃。高明的管理者善于战略控制，他们"有所为"和"有所不为"，在轻松管理的过程中，就可以确保战略目标的实现。

什么是战略控制？战略控制是指在战略实施过程中进行跟踪，发现具备潜在前提的问题或变化，并作出必要的调整。

战略控制的根本目的在于保证企业的经营与既定目标保持一致，如果出现偏差，则采取措施予以纠正。当然，偏差是绝对的，一致是相对的，如果稍有偏差就要采取纠正行动，那么企业会付出较高的管理成本。所以，对于控制而言，还需要对偏差进行判断，以确定是否在预期的波动范围内。

其对于偏差进行有效的识别、管理，战略控制通常被划分为以下四个子系统：

一是标准系统。标准系统由一系列的目标构成，是企业预期的业绩水平的综合反应。整个控制流程围绕这一标准系统运作。但是，该标准并非不可调整，若通过控制分析，发现该标准的确存在问题，则需对其进行一定的修正。

二是信息系统。该系统的工作是收集业绩信息，把实际业绩与目标相比较，找出其中的差距。

三是控制算法系统。该系统是控制系统的主体部分，它负责对偏差进行分析，确定是否需要采取纠正措施，并分析偏差原因，决定修正标准或如何纠正执行措施。

四是执行系统。该系统是具体的经营行为，执行目标系统和控制算法系统发出的指令。

可以说，战略控制就是在管控"偏差"，因为目标有了，行动方案有了，资源有了，所要做的，就是保证从"输入"到"产出"端的各个环节，都能按预定的操作规范、标准，或考核要求进行。

在管理工作中，运用这种战略思维，才能抓管理的本质——控制偏差。现实的情况是，企业的战略很宏大，目标有很多，但过一段时间，一些部门或员工就会跑偏，再过一段时间，整个企业都跑偏了。大家都在怀疑：是战略有问题，还是团队的掌舵人能力不行？

即便是战略有问题，也还是掌舵人的问题。战略不是越高大上越好，管理不是越精细越有效，要保证企业的战略增长力，在规划、执行某一正确战略的过程中，一定要从全局出发，走出复杂管理的逻辑，对战略进行精准有效的管控。

战略控制特征、层次、类型、原则

战略控制是企业战略管理的重要环节,它能保证企业战略的有效实施。如果说战略决策只是决定哪些事情该做,哪些事情不该做,那么战略控制的优劣,将直接影响企业战略决策实施的效果与效率。所以,战略控制对战略管理是十分重要的。

1. 战略控制的特征

企业的战略控制主要呈现出以下三个特征。

(1)渐进性

企业无法控制的一些外部或内部的事件,特别是一些不可预知的突发事件,会直接影响企业的战略规划、战略执行等,而当这些意外事件发生时,企业需要在第一时间做出反应,给出所有可能的选择方案。事实上,很少有企业能做到这一点。

为了避免仓促"应战",企业通常会采用渐进式的方式来进行战略控制。比如,企业早期的决策或多或少都带有一定的试验性质,即边走边看,随时准备调整。即便企业是比较成熟的发展战略,对其的调整也应是渐进式的,比如,一些大企业,要完成战略转型,必须一步一步调整、控制自己的战略方向。

(2)交互性

在如今的信息社会,企业无时无刻不在从外部获取信息,与此同时,也要输出各种信息。通过与外部世界的交互,让公众形成对自己有利的观点。

(3)系统性

有效的战略一般是从一系列的制定战略的子系统中产生的。所谓的子系统,是指主要为实现某一重要的战略目标而相互作用的一组活动或决策。通常，每一子系统涉及的人员和团队不同，不同的团队不会单独实现战略目标。

2. 战略控制的层次

战略控制的层次分为战略控制、战术控制与作业控制三个层次。

（1）战略控制

战略控制是指涉及企业同外部环境关系的基本战略方向的控制，它从企业总体考虑，着重于长期（1年以上）业绩。它着眼于企业发展与内外环境条件的适应性，通常有避免型控制、跟踪型控制、开关型控制和反馈型控制四种类型。

（2）战术控制

战术控制主要处理战略规划实施过程中的局部、短期性问题，着重于短期（1年以下）业绩。

（3）作业控制

作业控制是对企业内部各项业务进展情况的控制，通常有财务控制、生产控制、销售规模控制、质量控制和成本控制等方式。

三种控制方式主要区别在于执行主体、控制目标不同。

3. 战略控制的类型

战略控制的类型主要分为四种。

（1）避免控制

在许多情况下，管理人员可以采取适当的手段避免不合适的情况发生，从而达到避免控制的目的。具体手段包括：一是高效的信息和自动化；二是管理适当集中化；三是风险共担；四是转移或放弃某些经营活动。

（2）活动控制

是保证员工按企业的预期进行活动的一种手段，具体做法有：一是行为限制；二是工作责任制；三是事前审查。

（3）绩效控制

绩效控制形式以企业的绩效为中心，通过绩效控制达到有效的控制。绩效控制系统一般要求确定预期的绩效范围,根据范围衡量效益,根据效益实施奖罚。

(4)员工控制

员工控制系统是依靠所涉及的人员为企业作出最大贡献,同时为员工提供帮助。主要手段有:实施全员培训计划;强化上下沟通;基于企业文化,建立高效协作的团队。

4. 战略控制的原则

战略控制应遵循四个主要原则。

(1)确保目标原则

战略控制过程是确保达成企业目标的过程,通过执行战略计划确保战略目标的实现。

(2)适时控制原则

控制要掌握适当时机、选择适当的契机进行战略修正,要避免在不该修正时采取行动或者在需要纠正时没有及时采取行动。

(3)适度控制原则

控制过程要严格,但要有弹性,不可控制过度。控制的范围、程度和频度要恰到好处。

(4)适应性原则

控制应反映不同经营业务的性质与需要,即要根据不同业务的范围、工作特点等制定不同的监控标准和方式。

企业在进行战略控制时,要结合自身的业务特点,把握好上述特征、层次、类型及原则,以更好地发挥它的价值与作用。

战略控制内容与步骤

企业进行战略实施控制，主要是为了保持战略实施过程的完整性与战略+实施的平衡，要达到这个目的，使战略实施沿着预定的轨道推进，战略控制的内容与流程必须规范、合理。

1. 战略控制内容

对企业经营战略的实施进行控制的主要内容有：

①设定绩效标准。根据企业战略目标，结合企业内部人力、物力、财力及信息等具体条件，确定企业绩效标准，作为战略控制的参照系。

②绩效监控与偏差评估。通过一定的测量方式、手段、方法，判断、衡量企业的实际绩效，并将企业的实际绩效与标准绩效对比，进行偏差分析与评估。

③设计并采取纠正偏差的措施。常见的纠正措施有调整计划、优化流程、关键路径调整等。

④监控外部环境的关键因素。该因素是企业战略赖以存在的基础，其变化意味着战略前提条件的变动，故应给予足够的重视。

⑤激励战略控制的执行主体。通过该方式来调动其积极性，保证企业战略实施的切实有效。

2. 战略控制的实施步骤

为了更有效、有序地对战略实施进行控制，合理、规范的程序是必须的。通常，企业战略控制应遵循以下五个基本步骤。

①确定评估目标。战略控制过程的第一个步骤就是评价计划，制定评估标准。企业可以根据预期的目标或计划制定出应当实现的战略绩效目标。在

这之前,企业需要评价计划,找出企业目前需要努力的方向,明确实现目标所需要完成的工作任务。这种评价的重点应放在那些可以确保战略实施成功的领域里,如组织结构、企业文化和控制系统等。惯用的评估标准有销售额、销售增长率、净利润、资产、销售成本等。

②监测战略实施进程。战略实施推进的行动分布在一系列具体的、局部化的计划与活动中,每一项战略推进都应分成若干步。对于要先期执行的步骤,应制订详尽的计划。与此同时,要完成早期步骤。这样,大的战略实施就可以转变为非常具体的、有计划的行动和结果。在进行战略控制时,可以从监测这些具体行动入手,从而得到最新的进展数据。这么做的好处有两个:一是保持各种战略行动与总体战略目标的一致性,二是及早发现战略是否需要调整与修正。

③监视外部环境变化。战略决策者们会对未来需求、技术、价格、政府政策、市场竞争,以及一系列外界变化因素进行预测,这些预测可以作为制定战略的前提,而外部环境的变化又往往会影响预测的有效性。所以,监视外部环境因素的变化,特别是关键战略因素的变化,显得非常重要。监视外部环境关键战略因素的变化,选择的变量主要有:收集有关非人为力量或角色的全面的、最新的情报;预测未来的行为;战略会受到哪些外部因素的影响。

④全面评审。全面评审是指着眼于战略实施整个过程的一种检查工作。通常,只有当战略实施的下一步行动需要得到有效保证时才进行全面评审。遇有以下三类情况时需要进行全面评审。

一是战略实施计划中的里程碑。即要对战略实施计划的每一阶段进行评审,一般在战略实施开始就把阶段评审时间列入计划,这样就可以有的放矢地收集有关信息、情报。

二是外部环境变化发出预警。如果外部环境发生了重大变化,可能给企业带来重大风险,这时需要依据监测报告提供的内容进行全面评审。

三是战略实施期很长的战略项目。对于那些战略实施期较长的项目，虽然还没有到达里程碑，但是在战略实施过程中，企业内外环境的变化导致一些新的影响因素产生，这时需对战略项目进行全面评审。

⑤给出纠正措施和应对方案。在战略控制中，一旦企业判断外部环境可能给企业带来某些机会或威胁，或造成某种结果，一定要及时应对，或是给出应对方案，或是调整应对策略，采取积极的补救措施。当然，当企业的实际绩效与目标绩效出现了较大差距时也应采取纠正措施。应对方案是企业在战略控制过程中在发生重大意外情况时所采用的备用方案。这种方案也可能是一种及时的补救措施，帮助企业管理人员处理一些意外情况。

通过上述步骤，不但能检查现行战略实施的有效性，而且可以提供使经营战略适应变化环境的内在机制。

传统战略控制与现代战略控制

不同的企业，其采取的战略控制方法不同，有的简单，有的烦琐，有的侧重模仿，有的专注创新。当然，有的传统，有的现代。过去，大多数企业都采用传统的战略控制方法，即把战略视为一个周而复始的循环过程，战略控制就是不断调整、优化其中的每一个环节。不可否认，这种控制方式有它合理性，但如今这种控制思维似乎不再那么有效。

新的时代，企业在借鉴这种控制方法的同时，也应用新的视角、新的战略思维来透视战略的本质，尝试战略控制的新的打开方式。

下面分别介绍传统战略控制方法与现代战略控制方法。

1. 传统战略控制方法

传统战略控制方法通过对经营业绩的评价与反馈,来确定是否达到预期目标。反馈的信息可用来作为制定纠正措施的参考。

传统战略控制的过程主要有六个步骤。

①决定控制的标准。企业计划实现的目标组成控制体系的基础。完美的控制目标必须明确而具体,可衡量,且有时间阶段性,并且可以实现。

②建立控制标准。控制标准是企业战略目标的详细表述,是用来衡量实际业绩的依据。

③衡量实际业绩。必须及时进行企业实际业绩的衡量与记录,以便第一时间采取措施。

④比较实际业绩与控制标准。将公司的实际业绩与计划的控制标准进行对比,同时要对结果进行分析。

⑤寻找差异的原因。通过一些科学、严谨的分析方法,找出差异产生的根本原因。这是制定正确应对措施的前提。

⑥采取纠正措施。针对不同的差异,采取相应的应对措施,对症下药。

从流程上看,这种控制方法近乎完美,没有什么问题。其实,它存在三种明确的缺陷。

一是事后控制。它是在某种战略实施后,才能获得反馈信息。由于反馈信息的获得比较晚,故不利于对战略进行及时的调整。

二是"单循环"控制。它将实际业绩与计划的业绩控制标准进行比较,从中找出差距。"差异"往往被认为是不足,需要在相关方面做出改进或提升,而计划的业绩控制标准被天然地认为是"正确"的,事实并非如此。

三是静态控制。它不能第一时间反映外部环境因素变化对战略执行的影响,而是假设原战略规划的基础相对稳定,它要在某战略执行之后才能获得反馈信息,进而通过对差异的分析,来评估环境因素变化对战略的影响。所以,它更适合行业环境相对稳定的行业。

第8章 战略控制：让战略与市场更好地匹配

2. 现代战略控制方法

与传统战略控制方法不同，现代战略控制是以未来为导向，以正反馈为特点的控制方法。故其能更好地适应企业的战略行动和方向，引导企业在变化与发展中前进。它主要由四个部分组成：前提控制、执行控制、战略监督、应急控制。

（1）前提控制

每个战略都以某种计划为前提，即所谓的预测或假设。前提控制的目的在于持续、系统地检验作为战略基础的前提是否能发挥作用。假如某一项重要前提失效，那就需要对该战略进行相应的调整。越是提早发现无效前提，战略调整的机会越大。

计划前提主要涉及两个因素。一是环境因素。通常，企业对环境因素的控制能力十分有限，但是，这些因素往往会影响公司战略的成败，而战略又往往是以关键前提为基础的。通货膨胀、技术、利率、法规、人口和社会变化等都属于环境因素。二是行业因素。特定行业中企业的业绩受到行业因素的影响。影响公司战略的行业因素有竞争对手、供应商、产品替代品和进入壁垒等。

（2）执行控制

执行控制就是在一定时间范围内采取一系列步骤、方案、投资和行动，使具体的计划得以执行。也就是说，管理者要将宽泛的计划转化为具体渐进的行动策略，细化到每个单位和个体，以保证战略的实施。

执行控制有两种基本形式：一是监控战略重点或项目。战略重点为管理者提供信息，有助于他们作出判断：总体战略是按计划运行还是有所调整。二是里程碑审查。里程碑可以是关键事件、主要资源配置或某个时间跨度。所以，里程碑审查往往是对公司战略进行全方位的再次评估，以确定是否应该继续或调整公司的发展方向。

(3）战略监督

主要对可能影响公司战略的内外部事件进行监督，即通过总体监控各种信息来源，一些重要但始终未及的信息将得以披露。战略监督必须尽量集中。这应是一种宽松的环境扫描活动。商业会议、会谈、有意及无意的观察等，都可能成为战略监督的主题。另外，战略监督还会监控公司的日常运作，披露有关战略的信息，使公司保持警惕性。

（4）应急控制

应急控制是指在突发事件出现时，迅速而全面地重新审视公司战略。比如，主要竞争者被其他公司突然收购、突出的食品安全问题等，都可能深刻地改变公司的战略。不少企业都设立了危机事务小组，在无法预测的事件发生时，该团队将就相关事件对公司战略造成的影响进行紧急评估，并对公司战略进行调整。

在经营过程中，企业管理者不但要树立战略观念，还要善于战略控制，这样才能准确预测内外部环境的变化，并给出合理化的应对策略，让企业在瞬息万变的市场中把握机会，规避风险。

战略增长点的培育与控制

在互联网时代，机遇与挑战并存，面对充满不确定性的未来，企业要能够在变化的"机会窗"中，快速把握转瞬即逝的机遇，迅速识别战略机会点，并能够快速构建起系统的组织能力，将战略执行落地，是企业战略力的一种体现。

在这里，不得不提到管理学中一个知名的理论，叫作"麦肯锡三层面理论"。该理论将一个企业当前的核心业务比作"果树业务",正在发展的新兴业务叫作"树苗业务",未来3~5年的事业机会叫作"种子业务"。企业每年会将70%的预算配置在"果树业务"上,将20%的预算配置在"树苗业务"上,将10%的预算配置在"种子业务"上。

该理论对企业战略管理的指导意义在于:企业要实现持续快速地发展,就必须不断地寻找新的战略增长点。

什么是战略增长点呢?通俗地理解,就是长期来看,能使企业盈利,或是有助于企业成功转型、升级的核心业务。

那么如何培育并有效控制战略增长点呢?可以在四个方向寻找突破口。

1. 热点:寻找风口期的业务

很多人都有切身的感受:过去,各行各业的生意都比较好做,现在变得越来越难了。为什么会有这种体验?因为对于各个行业来说,过去的几十年,市场几乎都在高速成长。即是名副其实的卖方市场,产品供不应求,这是最大的风口。这个时候,你有犯错误的资本,而且市场也会给你犯错误的机会。如今,大部分行业都已进入买方市场,企业面对激烈的同质化竞争,必须得靠特色、品牌、服务等取胜。

这时,该如何寻找企业的战略增长点呢?一个思路是寻找风口期的业务。怎么寻找?关键要把握好这三点。

①紧盯前沿科技与重大创新。随着5G技术普遍的应用及VR技术的突破,未来,一些新技术的运用定会产生很多应用场景,这会带来一些风口期业务。比如,我们现在使用的手机可能会变,电影院会变,电视也会变⋯⋯虽然这些风口现在还没有出现,但是需要对此保持敏锐的洞察。如果等到一些新技术的应用已经产品化、产业化了,再寻找机会进入,可能为时已晚。

②经济的结构性变化或转型。经济的结构性变化或转型带来新机会,会产生很多风口。如今,像建立全国统一大市场、推动共同富裕的实现、移动

互联网以及家庭幸福建设等都意味着经济的重大转型或变化。

③重大政策利好。政府出台的重大政策也会产生风口。例如，某养殖场连年亏损。3年前，公司提升环保水准，举债购买新环境设备，大力发展绿色养殖，结果，当年就实现了盈利。为什么？因为抓住了政府鼓励的"环保""绿色发展"这个政策风口。

2. 痛点：寻找解决用户需求的业务

痛点，就是市场或客户没有被满足的强烈的需求。如果企业能解决市场或用户的痛点，便能赢得更多机会。痛点主要有两类：一是行业痛点；二是客户痛点。

①行业痛点。几乎每个行业，都有自己的痛点，因此，虽然行业竞争激烈，但是机会还是很多的。例如旅游行业，最大的痛点是什么？不是缺少游客，而是口碑问题。如果口碑上去了，不让顾客有"被坑"的感受，并能提供优质的服务，那就不愁没有生意。

②客户痛点。很多时候，行业痛点和客户痛点是一致的。怎么解决客户痛点？思路有二：一是创新业务模式；二是改造现有业务。当然了，坐在办公室里是想不出答案的，一定要深入市场，把通行的模式研究透彻，尤其是其背后的商业逻辑，然后找出其痛点，并在此基础上设计新的业务模式，或是改造传统的"玩法"，以解决客户的痛点。

3. 亮点：寻找闪闪发光的业务

如果实在解决不了客户或市场痛点，但又不得不面对同质化竞争，怎么办？那就寻找有足够亮点的业务。小米在这方面做得比较成功。例如，其在手机业务上最大的亮点，就是极致的"性价比"，这是让许多同行望尘莫及的。

通常，亮点主要有两类：一类是产品亮点。比如，云南白药牙膏，虽然它只是一个牙膏，但是其差异化在于，能够让消费者联想到云南白药，能消炎止痛，这会激发购买欲望。另一类是渠道亮点。即让客户知道，让客户信任,让客户买得到。

4. 价值点：寻找可以进行价值传递的业务

一家企业要进入某业务领域,有两种情况:一是新的业务领域与之前的业务没有丝毫关系;二是之前的业务已做到了极致,新业务只是一种顺势延伸。

如果属于前者,可以遵循上面介绍的方式去寻找战略增长点。如果属于后者,就一定要考虑价值的传导。什么是"价值传导"？简单理解,就是让一个成熟的、赚钱的业务向一个新的业务输送资源、价值等。例如,某科技企业建立了自己的生态链,拥有产业的制高点——品牌与渠道,那它开发的产品,就可以被导入这个生态链,成为企业价值链上的一环,由一些"金牛"业务向其传递价值,促其快速成长。

一些企业之所以迷茫,之所以举步维艰,就是因为没有找到稳定的战略增长点,或是找到了一个伪战略增长点,甚至不知道什么是战略增长点,大部分时间在关注微观层面的增长。培育并控制好战略增长点,是企业成功战略转型,或是做强做大的新路径,所以,企业管理者要拥有战略思维,能够站在更高的视角来思考业绩增长的问题。

【战略场景】6S 体系助力×××公司战略管控

×××公司是一家大型企业,旗下有多家子公司,地域分布范围广,产业跨度大,业务关联度低,母子公司管理复杂。在多元化扩张过程中,为了进行有效的战略布局,解决战略管控难题,提升企业管理能力与整合水平,×××公司建立并实施了 6S 体系。

1. 6S 体系的制度化

20××年，×××公司正式在内部导入 6S 体系，明确总部和利润中心的职责范围，开启了公司的"6S 管理"时代。

6S 即六大系统，分别为：业务战略体系、业绩评价体系、内部审计体系、经理人考核体系、管理报告体系和商业计划体系。其中，业务战略体系是起点，确定业务单元的发展方向、中长期战略目标和重大战略举措；业绩评价体系是对战略执行过程和结果的评价；内部审计体系是对战略执行的方向、行动计划与战略的一致性、战略执行结果的真实性等进行审计；经理人考核体系是依据战略评价结果对经理人进行考核奖惩；管理报告体系是对战略执行的过程和结果进行监控和分析；商业计划体系是对战略举措进行分解，制订行动计划和预算，落实战略举措，并每年进行战略检讨和战略落实。

6S 体系是针对×××公司在多元化发展过程中出现的众多问题而创建的。当时，公司内部层次结构庞杂、财务管理分散、同类业务分散经营、核心业务不稳定。6S 体系让×××公司多元化企业管理模式更加科学合理，同时，让公司的整体管理架构变得更加扁平，管理层可以及时、准确地获取管理信息，有力地促进了总部战略管理能力的提升和战略导向型组织的形成。

2. 6S 体系的管控思路

×××公司的 6S 体系以战略为起点，涵盖战略制定、战略实施和战略检讨等整个战略管理过程，体现在以下三个方面。

其一，业务战略体系负责构建和确定战略目标，商业计划体系负责落实和分解战略目标，管理报告体系和内部审计体系负责分析和监督战略实施，业绩评价体系和经理人考核体系则负责引导和推进战略实施。

其二，战略要细化到关键成功因素，再进一步追溯到关键业绩评价指标。驱动关键业绩的评价指标紧扣战略导向，评价结果则检验战略执行，同时决定整个战略业务单元的奖惩，通过有效奖惩推动战略实施，促进战略目标的实现，使6S体系成为真正的管理控制系统。

其三，6S体系的6个"S"与管理控制系统的四个子系统分别对应。业务战略体系和商业计划体系属于战略计划子系统的一部分，管理报告体系和内部审计体系共同组成了信息与沟通子系统，业绩评价体系和经理人考核体系则分别对应业绩评价和激励子系统。

3. 6S体系的丰富与完善

6S体系以战略管理理论为依据，以战略业务单元为出发点，以全面预算为切入点，以管理信息为关注点，以内部审计为支持点，以评价考核为落脚点。其管理体系涵盖战略管理的基本思想，既是一个行业分类组合体系，也是一个全面预算管理体系；既是一个综合信息管理体系，也是一个业务监测体系，更是一个评价与考核体系。

在多年的实践中，×××公司的6S体系不断丰富和完善。

4. 6S体系的现实指导意义

6S体系在×××公司的成功落地，尤其是它对战略导向的有效管控，对当下一些企业有重要的借鉴意义。

首先，企业的管理控制系统须以战略为导向。公司的所有管理控制活动，都应围绕公司的战略要求和自身的战略定位来进行。如今，企业并不缺乏好的战略，而缺少有效的战略执行与控制机制。

其次，管理控制系统要以整合为核心。管理控制系统的各个构成要素要相互支持，相互配合。如今，不少企业过多地强调单一管理方法，或是会忽略各种方法之间的逻辑性。这么做的结果是，企业使用的方法形不成合力，甚至会相互矛盾，进而无法形成完整的战略实施整合框架。

最后，管理控制系统要以信息为基础。信息平台对管理控制系统要给予有力的支持。现在，不少企业即便意识到信息化的重要性，但还是缺乏信息化意识与观念，只注重生产信息化，不重视管理信息化方面的投入。结果很难形成支持有效管理的信息集成环境。

  综上所述，在6S体系中，各个体系是在公司总体战略及该战略规划前提下进行的战略规划分解。战略规划的分解就形成了战略计划，战略计划既是管理控制系统的起点，又是战略实施的依据。从这个意义上说，6S体系实质上形成了一个完善的管理控制系统，其根本目的是保障战略目标的实现。

第9章 战略升级：摆脱『增长极限』魔咒

中国的企业有很多，但是百年老店很少。为什么？因为战略，更确切地说，是因为不善于实时地进行战略升级。企业要基业长青，要持续、高质量增长，必须要具备较强的战略迭代能力。

为什么一定要进行战略升级

在信息时代,从战略规划到执行的反馈闭环越来越短,企业需要在大致方向正确的情况下快速行动,并且不断校准战略方向,优化行动方案,从而不断提升自身的战略能力。

举一个例子。

30年前,你要到某个城市旅游,买一张地图,按照地图的指引,总能到达你想去的地方。5年后,这张地图或许同样适用。如果今天你依然按照这张地图的标识来寻找一些地方,恐怕要失望了。为什么?城市发展的速度太快,变化太大,老地图已经过时了。这时我们需要的不是已过时的老地图,而是一张能反映现在的新地图。

这类似于企业的战略升级。现在,企业的经营理念及生存、发展的政策环境、行业环境,甚至是国际环境等都与过去有了很大的不同,过去行之有效的方法、策略,在今天未必适用。即便是好的战略,也要因情、因企进行升级。

战略升级一般有被动和主动之分,通常,只有少数企业是主动进行战略升级的,多数企业是被动升级的。无论是主动升级,还是被动升级,主要原因可归纳为两个层面。

1. 内因:驱动企业主动升级

内因主要表现在以下四个方面:

一是企业家精神的内在动因驱动。持续追求进步和变革,这是典型的主动战略升级。只要是经营管理者主动发起,并先于外部环境变化和竞争对手,那升级的成功率就会增加。

二是目标驱动。即企业的业绩未能达到预期的战略目标，而需要进行战略重构及战略升级，以确保升级后的战略能实现。这类的战略升级成功率通常比较高。

三是自适应环境驱动。企业主动适应消费趋势、技术迭代、商业逻辑重构而进行的战略升级。通常情况下，这类升级的主要关键点在业务战略升级，成功率同样也比较高。

四是能力及机制驱动。当能力、组织、资源、保障机制与战略不相适应时，企业主动提升战略执行能力、资源保障能力，以及战略保障机制。这类战略升级虽然是主动的，但是属于变革层面的战略升级，因为涉及组织的变革，所以成功率相对较低。

2. 外因：逼迫企业战略升级

企业受外因的影响，被动地进行战略升级，主要有三种情况：

①产品或技术逻辑发生改变，不得不进行升级。例如，传统能源向新能源升级；制造业务升级为自动化制造；传统管理走向数字化管理等。这类升级虽然属于行业大环境改变所致，但是企业跟随较快，用科学系统方法论推动升级，通常成功率较高。

②迫于竞争对手压力被动升级。不管是现有竞争对手，还是潜在竞争对手，其主动发起竞争性挑战，迫使企业进行竞争战略升级。这类战略升级需要良好的保障机制，否则，会面临一定的风险。通常，企业要避免进入这类战略升级场景。

③商业模式和消费趋势迭代被动升级。例如，移动互联网、大数据、云计算、5G技术的新兴，再如年轻消费者的消费理念和行为方式发生转变，这都促使企业不断升级自己的商业模式或是战略。相对而言，这类战略升级成功率较低。

不论是内因，还是外因，只要其中的某种场景出现，就说明战略升级的窗口已打开。从整体上说，由内而外主动升级成功率高，由外向内被动升级的成功率低。正如海明威所说:"鸡蛋从外打破,是食物;从内打破,是生命。"

战略升级能力是优秀企业与平庸企业之间最大的差距之一。特别是在快节奏的时代,"快"正成为所有组织战略管理的基调,战略升级更是如此。企业不但要掌握一套高效的战略管理方法和流程,而且要能快速地对战略与执行进行调整、升级,以应对内外部环境的变化。因为鲜有人能够预测社会发展的所有趋势,而市场机遇转瞬即逝,唯一能够跟上市场变化与节奏的方法,就是不断调整、更新企业的战略、战术。

企业再造:顺应大势,不要输给时代

很多企业在发展之初,员工上下齐心,团结一致,发展到一定阶段后,不可避免会遇到一些问题,如部门或人员间缺少配合,甚至会产生利益纷争等,如何解决这些问题,不让它们成为制约企业进一步发展的"瓶颈"?

一个较有效的方法是"企业再造"。那究竟什么是企业再造呢?

美国的哈默和钱皮在其1993年出版的《再造企业——管理革命的宣言书》一书中,给"企业再造"下的定义是:"为了飞跃性地改善成本、质量、服务、速度等重大的现代企业的运营基准,对工作流程进行根本性重新思考并彻底改革。"

"再造",意思是重新开始,不是对现有事物进行修修补补,也不是不触动基本结构而做的一些渐进式变革。企业再造,就是对企业根本性的再思考和重新设计,从而使成本、质量、服务和反应速度等具有时代特征的关键指标获得巨大改善。这意味着要把旧的制度丢到一边,推倒重来,即回到出发点,开辟一条做好企业经营工作的更佳途径。所以说,"再造"是"针对企业业务流程基本问题进行的反思,并对它进行彻底地重新设计,以便在成本、质量、服务和速度等当前衡量企业业绩的重要尺度上取得显著的进展"。

1. 企业再造的方式

企业再造主要有四种方式,可以用四个关键词来概括。

一是"基本的"。哈默和钱皮认为,一家企业要实现再造,先要确定必须做的工作"是什么",接下来才是"怎样做"。"再造"并不关注事情当下怎么样,而更重视事情应该是什么样。理由很简单,再造不应设前提条件,也不能以现有的事物为再造的基点。

二是"完全的"。完全重新设计,是指要从事物的底层出发,而不是改变事物的外在。在再造过程中,彻底地重新设计意味着要不顾现有的种种组织结构和工作流程,开辟完成工作的崭新路径。再造不是指对企业现有业务工作进行改良、提高或者是修修补补,而是要重建企业的业务流程。

三是"明显的"。再造的目的不是提高一些业绩,而是要让经营业绩有显著的改进。很多企业,只有当遭遇严重打击而又需要继续生存下去时,才不得不进行再造。点点滴滴的改进只需要微调,而显著的改进则需要破旧立新。

四是"以流程为导向"。大部分企业管理人员并非以流程为导向。他们以目标为导向,忙于本职工作,所以比较重视人事,重视结构,而非流程。哈默认为,业务流程是一系列业务活动,其中包括将某种或多种东西投入并创造出对顾客有价值的产品。他说:"把顾客所订的货物送到顾客手中,也就是流程创造的价值。"

2. 企业再造需注意的问题

企业再造会因企业所处生命周期阶段不同、企业经营模式、管理层级、管理幅度等因素而有所差异。所以,在企业再造过程中需考虑相关问题。

①企业生命周期。企业也有自己的生命周期,在不同的阶段,其历史使

命和经营重点不相同,所面临的问题以及解决这些问题的最佳路径和方法也是有差异的,同理,完成历史使命及满足经营需求的组织体系应该也会存在较大的差异。

②企业经营模式。由于企业的战略选择不同,其商业模式和价值链选择、经营模式也会存在差异,即便是相同的战略选择,其经营模式也可能会存在差异,在这种情况下,也就会导致企业的组织体系是千差万别的。常见的企业经营模式有市场主导型、技术主导型、生产管理型、横向分工型、分散经营型、集中经营型、混合经营型、分层管理型八大类。

③管理层级与管理幅度。提到企业再造,就不得不提两个基本概念:管理层级与管理幅度。管理层级是指从最高管理层到具体工作人员之间的层级数量。影响管理层级的因素有专业化程度、组织规模等。管理幅度是指管理者直接指挥的下属的数量。影响管理幅度的因素有管理者的能力、下属的综合素质等。

企业再造是一个整体性的改造,既包括对企业的宏观改造,也包括对一些微观环节的系统性再造,这对企业管理层和决策层的勇气、魄力及专业能力都提出了很高的要求。

比较优势再造:确立新的竞争壁垒

如今,企业面对的是买方市场,是竞争激烈的市场环境。在技术迭代频繁、产品更新加速、消费者需求多样化的环境中,企业如何获得竞争优势,一直是战略管理领域的热点问题。

一个企业不可能在所有方面都拥有绝对优势,其竞争优势始终处于动态的转换过程中，而转换的成功与否，往往决定了企业的兴衰。也就是说，在市场竞争中，每个企业都有自己的生意经，都有自己的相对优势，如人力成本、资源、渠道、技术、品牌，等等，但这些都是相对的，即优势也可能变成劣势。

比较优势再造，就是在新的发展格局下，传统的优势越来越难以适应当前和未来的发展要求，必须在原有基础上持续不断孕育、调整，通过整合、重组和功能提升来形成新的优势。一个企业拥有的比较优势越多，越能维持自身核心业务的竞争力与行业地位。即比较优势就像一条"护城河"，一定意义上，它既是保护企业不受同质化竞争，或是新的颠覆性技术影响的壁垒，又是企业未来可以把握的一个战略机会点。

企业在进行比较优势再造时，需要从以下四个方面入手。

1. 产品优势再造

产品优势在一定程度上代表着产品本身的差异化程度，在所有的竞争优势中，它是一种最基础的优势。产品优势主要体现在价格、渠道和促销等方面。竞争优势体现在产品性能和品质，具有竞争力的价格，触及客户的能力和产品体验，以及品牌的宣传和传播等方面。影响消费者做出购买决策的必要条件就是产品优势，由产品优势所形成的口碑效应是占领消费者心智的重要一环。

产品优势可以创造影响短期收益的竞争优势缺口，但是不能创造持续高收益的竞争优势期，即缺乏持续获得高收益的能力。随着技术的快速更迭，如果不能对产品进行持续创新，便很快丧失原本的优势。

2. 客户优势再造

客户优势主要表现为客户忠诚度。要获得客户的忠诚度，需要在行业中拥有较强的影响力与地位，以及一定的品牌力。品牌力与品牌忠诚度不同，品牌力是指向消费者要求支付额外价格的力量，是以品牌忠诚度为基础的，品牌力可以获取品牌价值对产品的价格溢价，而品牌忠诚度可以维系与消费者之间情感联结和共鸣，增加其转移的成本。客户优势的转化需品牌力与品牌忠诚度的共同作用。

3. 产业优势再造

优势产业是指具有较强的比较优势和竞争优势的产业,是比较优势和竞争优势的综合体现。产业优势主要表现在对产业价值链上下游的掌控能力,包括供应商、合作伙伴、渠道商及消费者,使价值链上的参与者具有很高的转化成本,从而在市场中占有支配地位。在带有很高转化成本的市场中占有绝对优势的市场份额,可以给替代者设置难以逾越的进入壁垒。

在产业优势再造时,要将客户优势延伸到更广影响力的维度,涉及产业链上下游、合作伙伴、竞争对手等。当一家企业可以支配它的供应商、合作伙伴,甚至客户,进而可以决定自己产品的类型时,它就拥有了产业优势。

4. 品类优势再造

品类优势是指颠覆原产业链,并重构新的产业价值链和创造新市场所带来的竞争优势。它是一种具有破坏力的优势。例如,苹果开创了智能手机时代,让原本具有强大产业优势的诺基亚风光不再。然而,创造品类优势并非易事,尤其是在存在鸿沟的高科技领域。

在新的形势下,企业实施优势再造战略,可以主动适应外部经济环境和发展条件变化,通过科技创新、开放赋能、新技术应用以及其他外力,对原有资源禀赋等优势条件进行融合聚合、能量互赋、赋能升级,从而加速形成综合竞争优势。

商业模式再造:不断拓宽行业的财富边界

任何一家企业都有其生存的逻辑、赚钱的方法,这就是常说的"商业模式"。简言之，就是：你卖什么？怎么收费？靠什么赚钱？一个好的商业模式，可以清晰地给出答案，即战略增长点在哪里，潜在利润在哪里，如何将潜在利润收入囊中。

一种商业模式过去有效，不等于现在有效，即便现在有效，不等于未来有效，要想做行业里的常青树，唯一不变的就是"变"：要不断升级、改造现在看上去依然有效的商业模式。

《孙子兵法·虚实篇》中说："水因地而制流，兵因敌而制胜。兵无常势，水无常形，能因敌变化而取胜者，谓之神。"过去是"大鱼吃小鱼"，现在是"快鱼吃慢鱼"，在互联网时代，靠信息不对称、"一招鲜吃遍天"的商业模式，无法在商界长久立足，市场无时无刻不在快速变化，不能适应"变化"，快速应对"变化"的企业，很快就会被淘汰掉。

例如，企业的优势是生产，却不擅长做市场，可以选择代工模式或供应商模式；企业拥有一定的市场，却没有生产厂房与设备，可以选择做品牌模式，让代工厂替企业生产；企业有实力走出去时，就必须要考虑：是在各地建分公司、分厂，还是选择区域合作开发代理……

苹果公司是全球知名的科技公司，其手机产品深受用户的喜爱。当别人在疯狂地打价格战的时候，苹果却把价格定为对手的几倍，甚至更多。很多人都在想，苹果到底赢在哪里，品牌、技术、还是营销？这些固然是苹果能称霸市场的资本，但更重要的是其商业模式！

苹果公司卖的不仅是产品，还是一套完整的商业模式。产品容易被模仿，但是服务很难。苹果公司在不断进行技术创新的同时，也在不断地升级自己的商业模式——为消费者提供更好的服务。苹果公司通过 iTunes 和 App Store 平台开创了一种全新的商业模式——"酷终端+用户体验+内容"。它将硬件、软件和服务融为一体，相互补充又相互促进。除此之外，它也很好地实现了用户体验、商业模式和技术创新三者之间的平衡。

过去，苹果公司的商业模式是"硬件软件一体化"，如今，它升级为

"软件＋硬件＋服务＋商业生态"。这种模式上的创新让苹果始终保持着在行业中的领先优势，增加了用户的黏性，使用户不但愿意为手机埋单，而且也愿意为应用和内容埋单。如此一来，公司的盈利会更多、更持久。

许多企业在创立之初，都注重在产品上动脑子。提升产品质量、做好客户服务是企业的使命所在，但想做强、做大、做久，不断拓宽财富边界，就必须进行商业模式创新。从这个意义上说，二流的企业卖产品，一流的企业卖服务，超一流的企业卖模式。

研究表明，大约90%的成功商业模式创新是对已有商业模式要素进行重组。从其他行业、市场或环境中已有的创新吸取灵感，进行重组或改变，就是一种创新。当然，这并非简单的"复制"，而是要充分理解这些模式成功的形态并结合实际情况，通过转化、重组和转变，才能形成自己的创新模式。

在进行商业模式创新时，除了要深入挖掘企业和行业，还需要对用户，甚至是人性有更多理解。苹果公司颠覆了音乐，Uber颠覆了交通，亚马逊则颠覆了零售。所有这些革命性的创新都不是每天喊着"创新"口号做出来的，而是源于为客户提供更好的服务体验。例如，很多公司都只注重产品本身，不重视产品包装。其实，用户"开箱"过程也是一种独特的体验。如果用户在打开包装的一刹那，有一种"神奇"的体验，自然会提升他对产品与服务的黏性。

在对现有商业模式进行创新时，要把握好以下四个关键步骤。

1. 分析商业生态环境

首先，要清晰描述现行的商业模式，并分析利益相关者，如客户、供应商、经销商、方案供给商、竞争对手等，了解他们的真实需求。其次，要找出最为关键的变化驱动因素，以及这些因素是如何转化并影响商业模式的。一般来说，驱动因素包括技术和趋势。不少成功的商业模式创新都是由技术进步引起的，并借助技术进步来实现。同时，技术进步也可能带来潜在的风险。未来的发展和趋势也是在创新商业模式时必须考虑的重要问题。可以说，新商业模式是大趋势的产物，大趋势是新商业模式的助推器。

2. 创造性模仿和重组

通过对现在的商业生态环境的分析，可以发现一些新的机会，但利益相关者所表达出来的需求，多为他们的主观感受，未必是其核心需求。因此，需要一套有序的方法来重新解读客户的需求，并重构可能的商业模式。这时，可以借鉴一些较为成功的商业模式，通过转移、合并、删减等策略进行再造，形成新的商业模式构思。

3. 打造独特的商业模式

即使一个创意再好，也要适应实际情况，否则不能充分发挥其价值。所以，要对之前构思的模式做进一步分析，看其是否与企业内外部的环境相匹配。同时，要对其进行可行性分析，之后，再将其整合为一个可以落地的商业模式。

4. 将计划付诸行动

由于新商业模式的实施会涉及企业经营的各个方面，甚至会遇到意想不到的挑战、阻力等。对此，较明智的做法是，先进行小范围，或是小规模试验，尽可能地控制风险。再循序渐进，深入全面地展开。在此过程中，全员要保持开放的心态，要善于从失败中学习，从而实现商业模式的快速迭代。

过去，一个企业一旦选择了某种商业模式，就等于选择了自己的生存模式或"活法"。虽然产品在更新换代，服务在不断提升，但企业的发展模式却始终不变。现在，商业环境变幻莫测，新业态、新商机不断涌现。企业要适应这种变化，提升自身的竞争力，必须不断迭代、更新现有的商业模式。

企业文化再造：要"成功"，也要"成道"

任何一家企业，从它创办的第一天起，有些文化就形成了。企业战略和企业文化之间的关系，就像是人的行为与精神的关系，精神决定人的行为，支撑人的行为，而行为又会影响人的精神。世界500强企业胜出其他企业的根本原因，就在于这些企业善于给他们的企业文化注入活力，这些一流企业的企业文化与普通企业的企业文化有显著的不同。

98%以上的企业在做企业文化时，其实只做了企业文化的宣传工作。如做内刊、建网站、做文化手册，或者办年会、周年庆、艺术节、运动会、生日会等。这些都是表面文章，是没有根基的，或是不落地的浮夸文化，非但不能让企业从中汲取养分，反而会腐蚀企业。

要想让企业文化引领企业的发展，不但不能让企业文化成为落满灰尘的企业"文案"，还要能"造"出好的文化，即企业要有文化再造的能力。建设企业文化涉及企业的方方面面，从企业的宗旨精神、经营理念到企业的规章制度、物质文明，从员工的行为准则、形象标准到企业的条件环境，无不渗透着企业的文化内涵。

1. 企业文化再造原则

企业文化再造应遵循以下三条原则：

①分阶段逐渐实行的原则。企业文化的形成、传播、扩散与物质生产不同，主要通过人们的思想观念和意识形态来反映，是一个长期发展变化的过程，不会在短期内形成，因此，应分阶段循序渐进，不能急于求成。

②遵循企业文化形成、传播与扩散规律的原则。企业文化形成、传播与扩散有自己独特的规律。如果企业文化再造违反了其运作规律，拔苗助长式

地进行再造，就会给企业文化形成、传播与扩散带来很大障碍。

③促进物质生产力快速发展的原则。新型企业文化的出现，是为更好适应和更快促进物质生产力的发展。这是企业文化再造的出发点和本质要求。

2. 新企业文化的落地

要想让再造后的文化在组织中落地、生根、开花并且结果，领导者不能只喊口号，而要知行合一。简单来说，就是扎扎实实做好三件事。

一是讲出来：明确企业文化的具体含义。为了促进企业文化的落地，一定要多讲、善讲，即将企业文化定义清楚。例如，可以将企业文化中的"激情"定义为"乐观向上，永不放弃"，也可以将其定义为"立志高远，满怀热情与执着，追求卓越"。在明确了某种文化的具体含义后，要不断地讲，反复地强调，这里说的讲，不是苦口婆心地说教，而是通过全媒体平台娓娓道来，潜移默化地影响员工；或是将企业的真实案例，用一种大家喜闻乐见的形式传播出去，如讲故事；编辑制作培训课件；贴在公告栏；印在公司文具上；由员工自导自演，制作成视频，等等。

二是定下来：建立共同的愿景。共同愿景是一种文化理念，它不但能唤起人们的希望，而且能够改变员工与企业之间的关系。有了共同的愿景，员工不会认为"这是他们的公司"，而会觉得"这是我们的公司"。在建立共同愿景时，应遵循四个原则：采用自下而上的程序，引导全员参与目标的制定；团体互动，在经过充分的交流、反思后建立共同目标；上下一致，协调好团队目标与个人目标，根据实际情况，可分别制定近期目标、中期目标和远期目标；目标应明确、恰当、合理，尽可能地激发全员的斗志。

三是带起来：领导要身先士卒。在古时候，将军率兵打仗，只有身先士卒，才能鼓舞士兵们奋勇杀敌。《论语》有云："其身正，不令而行；其身不正，虽令不从。"意思是：身为领导，要以身作则，作出表率，这样即使自己不下命令，下面的人也会跟着行动。

在企业文化落地过程中,高层要做企业文化的引路人,中层要做好企业文化推动者,基层要做好企业文化氛围的营造者,如此一来,企业文化所代表的价值观和行为理念便能够快速贯彻在全员的行动方式中。

综上所述,当外部环境发生重大变化,企业原有的文化与新的战略不一致时,须对企业文化进行再造,重新构建企业文化层次或结构,身体力行,确保企业文化成为企业的灵魂与精神支撑。

【战略场景】美的集团的四次战略升级

美的集团创立于1968年,以家电为主业。从创立至今,美的一直保持着健康、稳定、快速的增长。在竞争日益激烈的家电市场,美的的许多产品都居于行业前列。

50多年来,美的始终站在改革的前沿,不断推动企业战略转型和经营变革,并把它视为一种常态。正如美的集团创始人何享健说:"一个企业最重要的就是转折点,你要知道什么时候企业该转折了,不能一条路走下去,这条路一开始是金光大道,可能越走越远就是死胡同。"

为了保持组织的活力与机制的活力,美的集团一直在进行战略转型与升级,每次都会给企业带来一波变革红利。

1. 业务战略升级(1980~1997年)

1980年,中国刚刚拉开改革开放的大幕,当时,家电还是奢侈品。这一时期的美的,是一个做五金加工和酒瓶盖子的企业,无论从资源、组织、人才,还是从市场、技术上都无法与当时的一些家电企业相比。对美的来说,进军家电产业意味着九死一生,那到底要不要进行战略升级?

何享健经过一番思考，果断决定进军家电行业。在之后的数十年发展中，美的坚持在家电产业深耕，从不动摇。从电风扇开始，美的逐步进入电饭煲、压力锅、空调、冰箱、洗衣机等数十个小家电和白色家电领域。在这个阶段，美的取得了空前的成功。

2. 推进机制升级（1997~2011年）

随着美的的规模越来越大，"大企业病"开始逐渐显现，为了治"病"，美的开启了第二次战略升级，即推行事业部制。用当时何享健的话说，就是"美的只有搞事业部才有出路，事业部是美的必须要走的一条道路"。进行经营体制创新，推进事业部制，价值链垂直一体化整合，横向多元化，同时实施对标管理，坚持数一数二战略，推进管理层收购。这个阶段是"由小到大"的过程。

实施事业部制之后，美的迎来了一波高速发展，在2000年，销售收入突破了100亿元。2001年，美的成为我国第一家完成管理层收购的上市公司。在理顺产权关系、治理关系、经营关系和权力关系后，美的大力推进纵向垂直整合，以提升产业链经营空间。2001年后，美的继续对标学习，在产业发展上全面学习行业标杆三星；在战略和管理上学习异业标杆通用电气。

从1997年到2011年，美的因构建事业部体制，采取分权经营，大量启用职业经理人等一系列重大管理变革，享受了15年管理变革的红利，实现了高速增长，成为中国第二家进入千亿俱乐部的家电企业。

3. 全方位升级（2011~2020年）

随着美的企业规模扩大，在荣誉和光环背后，美的的高层却看到了问题：美的虽赢得了规模，却面对失去赢利能力、消费者口碑和产品力的挑战。因此，美的急需一场全方位战略升级，来改变增长方式。美的是如何做的呢？

首先，进行文化再造。集团上上下下，利用各种机会和场景，不断向团队传递战略转型升级的消息和重要精神。

其次，明确三大战略。即确定了"产品领先，效率驱动，全球经营"三大战略主轴。

再次，实施组织再造。基于战略，构建"敏捷型、学习型、去中心化的组织"，纵向上撤销二级产业集团，横向上整合事业部，加强横向业务协同，强化资源整合及配置效率。

从次，实现创始人向职业经理交班。2012年8月，创始人何享健宣布退休，美的正式过渡到职业经理人治理企业的发展阶段，这为美的推动转型和战略升级提供了全方位的战略支持。

最后，调整绩效及考核导向。例如，要由大变强；由注重增长速度转向注重增长质量转变；效率指标优先于速度指标，等等。

4. 战略主轴升级（2020年至今）

之前，美的的三大战略主轴是：产品领先，效率驱动，全球经营。如今，战略主轴升级为：科技优先、用户直达、数智驱动、全球突破。通过此次战略升级，美的希望实现新的成长与突破。与此同时，美的还重构了产业战略，确定了五大业务板块，分别为智能家居事业群、工业技术事业群、楼宇科技事业部、机器人与自动化事业部和数字化创新业务。

当许多企业还在纠结要不要战略升级时，美的通过四次战略升级，实现了企业的跨越式发展，成为全球最优秀的家电企业之一。这只是美的新的起点，未来，美的集团仍将积极寻求商业逻辑重构与战略升级，就像何享健说的那样，"一切都在剧烈重构，在美的没有什么可以不变的"。

第10章 战略运营：破解C端、B端痛点

如果说战略是头脑，是整体框架，那运营就是手足，就是具体的执行方法。战略替代不了运营，运营也替代不了战略，而「战略+运营」，就是向上要遵循企业的战略、策略与方法，向下从战术层面入手，去破解C端、B端的痛点。

发展型战略：强化优势，避免木桶效应

"发展型战略"是一个常被提及的概念，也叫作增长型战略，是指企业采用非价格的手段同竞争对手抗衡，不断地扩大企业规模，提升企业的竞争力，直至成长为具有雄厚实力的企业的战略。

1. 发展型战略的分类

通常，发展型战略主要有三种形式，即一体化战略、密集型战略、多元化战略。

（1）一体化战略

一体化战略是指企业对具有优势和增长潜力的产品或业务，顺着其经营链条纵向延展深度，或是横向延展广度，从而扩大经营规模。一体化战略又分为纵向一体化战略与横向一体化战略。

比如，TCL就曾实施过纵向一体化战略。在20世纪90年代初，TCL创立了第一个销售分公司，开始布局其前向一体化战略，并逐渐控制了销售渠道和零售终端，从而建立起了自己的竞争优势。

在实施这种战略时，风险是存在的。实施纵向一体化战略，虽然能提升企业的竞争力，但并不意味着没有任何代价，实施该战略，不但要付出较高的管理成本，而且会增加管理和协调的难度。

（2）密集型战略

密集型战略，是指企业在原有业务范围内，充分利用在产品和市场方面的潜力来求得成长的战略。为了更好地研究该战略，可以运用伊戈尔·安索夫提出的"产品—市场战略组合"矩阵，又称为"安索夫矩阵"。根据安索夫矩阵，密集型战略包括三种产品与市场战略组合：市场渗透战略、产品开发战略、市场开发战略。

以市场渗透战略为例,其主要实现途径包括:提高现有顾客的使用频率;吸引竞争对手的顾客和潜在用户购买现有产品。实施该战略的主要措施包括:增加销售人员;增加广告开支;采取多样化的促销手段或加强公关宣传。市场渗透战略既可单独采用,也可同其他战略结合使用。

(3)多元化战略

多元化战略是指企业进入与现有产品和市场不同的领域。企业多元化战略是企业在原主导产业范围以外的领域从事生产经营活动,它是与专业化经营战略相对的一种企业发展战略。企业多元化战略经营既是企业资产重组的重要手段,也是降低单一业务风险、回避业务萎缩和获得整体规模优势的重要途径。

企业多元化战略类型主要有以下三种。

一是同心企业多元化战略。即公司增加与企业现有产品或服务相类似的新产品或服务。考虑实施集中多角化战略时,新增加的产品或服务必须位于企业现有的专门技能和技术经验、产品系列、分销渠道或顾客基础之内。

二是企业多元化战略。该战略也叫作纵向一体化,是一种向前、后两个方向扩展企业现有经营业务的增长战略。前向一体化是指企业的业务向消费它的产品或服务的行业扩展,而后向一体化是指企业向为其当前的产品提供原料的产品或行业扩展。

三是复合企业多元化战略。这是一种增加与企业目前的产品或服务显著不同的新产品的增长战略。企业一般在原有的产品市场需求增长停滞不前或有下降趋势时会采用复合多元化战略。再就是,当其所处的产业的集中程度高,企业间相互依赖性强,竞争激烈时,也会采用这种战略。

2. 发展型战略的实施条件

在实施发展型战略时,不能简单地从单一经营上考虑,而要注意其使用条件。

（1）深入分析未来经济走势

企业要实施发展型战略，就必须从环境中获得更多的资源。如果在未来一段时间，宏观环境和行业微观环境趋势向好，那企业就比较容易获得资源，因此，企业实施该战略的成本会降低。同时，从需求的角度看，如果宏观和微观环境比较理想，人们对消费品的需求会增加，收入水平会提升，那该战略的需求在很大程度上就能得到满足。因此，在选择发展型战略之前，一定要对未来的经济走势做一个比较全面深入的分析。

（2）了解国家的相关法律法规

在实施发展型发展战略时，一定要考虑国家相关部门的出台的政策、法律、法规的影响。比如，我国政府鼓励高新技术企业发展，并出台了一些法律法规，科技企业在实施发展型发展战略时，最好认真研读一下新近颁布的相关法律法规。

（3）获得充分的资源作支撑

采用发展型战略需要投入大量的资源，所以从企业内部和外部获得资源的能力就显得十分重要。资源包括：人力资源、信息资源、客户资源等。

（4）克服公司的文化阻力

许多时候，企业文化并非一成不变。假如一个企业的文化是以稳定性为主旋律的话，那么发展型战略的实施就要克服相应的文化阻力。培育积极有效的企业文化，必须以企业战略作为指导依据，而并不是企业文化决定企业战略。

3. 发展型战略的缺点

在实施发展型战略时，一定要了解它的一些缺点。

（1）破坏企业的资源平衡

在企业采用发展型战略，并获得一定的成果后，会深入推进该战略，这就很容易导致一些资源的供给跟不上，从而破坏企业的资源平衡。要避免这一问题，企业在进行每一个战略态势决策之前，都要重新审视和分析企业的内外部环境，判断企业的资源状况和外部机会。

（2）孕育内部危机和混乱

企业要想在短时间内获得快速发展，对企业的应变能力提出了很高的要求。有些企业在发展型战略的带动下，发展迅速，表面上看一片祥和，其实潜藏着重重危机。为什么？因为企业要新增一些机构、人员、设备等，它们无法在短时间内形成相互协调的、高效的系统，故而会产生各种矛盾，甚至产生一些具有破坏性的行为。

（3）忽视产品或服务问题

在实施发展型战略的过程中，管理者会更多地关注投资结构、收益率、市场占有率、企业组织结构等问题，而无暇顾及产品或服务的质量。因此，企业管理者要对发展型战略有一个清晰而全面的认知。

当然，发展型战略的优点也是显而易见的，它不但能使企业扩大自身的价值，还能通过不断变革来创造更高的生产经营效率与效益，从而提升企业的竞争力。因此，企业实施该战略时，要做通盘考虑。

稳定型战略：以守为攻，积极应对变化

顾名思义，稳定型战略的关键就是求稳，又称为防御型战略、维持型战略，即企业在战略方向上没有重大改变，在业务领域、市场地位和产销规模等方面基本保持现有状况，以安全经营为宗旨的战略。该战略注重以守为攻，以安全经营为宗旨，尽可能避免风险。从企业经营风险的角度看，稳定型战略是一种较保守的战略。

1. 稳定型战略的类型

稳定性战略主要有以下四种类型。

①无变化战略。这种战略近乎是一种没有任何增长的战略，即除按每年的通货膨胀率来调整目标外，其他均不做调整。

②维持利润战略。维持利润战略是指为了维持利润水平而牺牲企业未来成长的战略。维持利润战略只是一种度过困境的临时战略，对企业持久竞争优势产生不利影响。

③暂停战略。经过一段时间的迅速成长，企业内部可能变得低效或是混乱，资源过于分散，致使新增的业务未能达成预期的目标。这时，为了有效整合各种资源，可适当实施暂停战略。

④谨慎前进战略。如果企业外部环境中某一重要因素难以预测或变化趋势不明显，企业的某一战略决策就是有意识地降低实施进度，步步为营，这就是所谓的谨慎前进战略。

2. 稳定型战略的优缺点

稳定型战略遵循与过去相同的战略目标，保持一贯的成长速度，同时不改变基本的产品和经营范围。在具体的实施过程中，其表现出的优缺点非常鲜明。

（1）优点

稳定型战略的好处是：企业的经营风险相对较小，易于保持战略的连续性和稳定性；能避免因改变战略而改变资源分配的困难；能减少发展过快导致的弊端，避免资源的浪费；能给企业一个较好的休整期，使企业积聚更多的能量。

（2）缺点

稳定型战略的缺点主要表现在：如果对环境预测错误的话，会给企业经营带来很大的风险；特定细分市场的稳定型战略往往蕴含着较大的风险；企业容易淡化风险意识，甚至形成惧怕风险、规避风险的企业文化。

稳定型战略的优点和弊端都是相对的，企业在具体的执行过程中必须权衡利弊，准确估计其收益和风险，并采取合适的风险防范措施。只有这样，才能充分发挥稳定型战略的优点。

3. 稳定型战略的实施条件

企业采用稳定型战略时，要把握好以下五个实施条件。

一是企业处于市场需求及行业结构稳定，或者较小动荡的外部环境中，此时，企业所面临的竞争挑战和发展机会都相对较少。

二是市场需求在增长，但企业自身资源不足以支撑其抓住新的发展机会。

三是实施增长型战略后，由于市场占有率的提升，可能会面临竞争对手的恶意攻击，或是政府的反垄断调查。

四是企业短时间内无法有效解决快速增长带来的管理难题。

五是产业技术成熟，不需要做大量创新就可以满足消费者的需求。

一个企业想要长久并繁荣地发展，稳定其实是一个必不可少的条件。尤其是当外部经济条件不足，或许不需要那么高追求时，可以将眼光放在当下或是局限于一个方面，抑或是沉淀下来，等待新的时机。

紧缩型战略：给出针对性"止血"方案

如今，不少企业都走上了多元化的道路，虽然企业规模在不断扩大，但是核心业务并不突出，故而难以形成核心竞争力。企业"长"得大，并不意味着一定就强。同样的道理，一个采用紧缩型战略的企业，并不代表他就弱，或是正在变弱。

紧缩型战略，是指企业从目前的扩张战略经营领域收缩和撤退。与稳定型战略和发展型战略相比，紧缩型战略被认为是一种消极的发展战略。

通常，企业会阶段性地实施紧缩型战略，其根本目的是，通过暂时的收缩和撤退，来抵御竞争对手的进攻，或是避开宏观环境的威胁，与此同时，更好地配置自己的资源。从这个角度看，紧缩型战略是一种以退为进的战略。

20世纪90年代，万科创始人王石果断放弃多元化战略，确定了以房地产开发为主导业务的专业化战略。即通过业务缩减，来确立核心竞争力，提升企业的盈利能力。万科做的"减法"包括：退出与住宅无关的产业；收缩住宅的战线，从13个城市缩到深、沪、京等几个城市；以城市中档住宅为主，减少房地产产业品种；转让了30多家企业的股份；等等。

通过"收缩"和"剥离"，万科恢复了其核心业务，从一个"二流"的企业迅速成长为国内的房地产龙头企业，并创造了持续20年高增长的神话。

1. 紧缩型战略的分类

紧缩型战略可分为以下几类。

（1）适应性紧缩战略

适应性紧缩战略，是指企业为了适应外部环境而采取的紧缩型战略。外部环境的变化主要包括：国际经济、贸易不景气；行业处于衰退中；政府出台了新的政策；市场需求大幅萎缩；资源开始出现紧缺；等等。

（2）失败性紧缩战略

失败性紧缩战略，是指企业由于经营失误造成竞争地位下降，资源和现金流短缺，只有撤退才有可能最大限度地保存实力。通常，经营者很难接受失败，所以他们往往不愿意采用这种战略。

（3）调整型紧缩战略

调整型紧缩战略，是指企业为了把握环境中出现的新机会，谋求长远的发展，主动采取有长远目标的积极的紧缩型战略。在采用该战略后，通常会在原有经营领域采取减少投资、压缩支出、降低费用、削减人员等措施，以逐步收回资金，并抽出资源用以发展新的经营领域。

2. 紧缩型战略的优缺点

在不同的应用场景中，紧缩型战略会表现出明显优势或弊端。经营管理者要根据企业自身情况扬长避短。

（1）优点

该战略的优点主要体现在以下三个方面。

一是能帮助企业节约开支和费用，尤其在外部环境比较恶劣的情况下，这可以让企业顺利渡过难关。

二是能在企业绩效不佳的情况下最大限度地降低损失。有时，盲目而且顽固地坚持一种错误的战略，会给企业带来极大的风险。

三是能帮助企业更好地实行资产的最优组合。通过采取适当的紧缩型战略，企业可以把一些运作不良的资源转移到更有前景的业务中，从而实现企业利益的最大化。

（2）弊端

与前面讲到的优点相比，紧缩型战略的弊端也是显而易见的，其主要表现在两个方面：

一是实施的尺度难以把握。如果盲目使用紧缩型战略，很可能会扼杀有着良好发展前景的业务和市场，使企业的总体利益受到损害。

二是容易引起企业内外部人员的质疑。实施紧缩型战略，通常意味着人员或薪酬的缩减，这大概率会引起一部分人的不满，而且在企业高层看来，实施紧缩型战略在某种程度上也意味着先前战略的失败，这是他们不愿承认的。

3. 紧缩型战略的落地途径

通常，紧缩型战略主要有以下三种落地途径：

①收缩、调整产品和市场领域。例如，放弃一些市场和一些产品线。企业的规模会因此缩小，一些效益指标，如利润率和市场占有率等会有明显的下降。

②严格控制对一些资源的使用。企业会尽量削减各类费用支出，往往只投入最低限度的经营管理资源，所以，实施紧缩型战略会逼迫企业进行裁员。

③处置冗余资产，减缓现金流压力。其中包括出售与企业基本生产活动关系不大的土地、建筑物和设备。比如，关闭一些工厂或生产线，出售某些在用的资产，再以租用的方式获得使用权。

④加速回收资产和改善负债情况。企业需要加速应收账款的回收期，不断催收回笼资金，降低企业的存货量，尽量出售企业的库存产成品。

任何一种战略的实施都会影响组织的变革，紧缩型战略也不例外。该战略在组织内部会影响责任和权力的再分配，从而使组织与管理人员更适应新的紧缩环境。当然，新的格局也通常因为新的组织足够强大而获得新生。

并购战略：优化产业链，让1+1大于2

并购战略是一种较常见的企业战略。并购，常指兼并与收购，是一种最为直接强力的外延式增长方式，属于实现企业业务扩张战略的手段之一。兼并一般指两个或两个以上实力相当的企业合并成为一个新的企业，合并完成后，多个法人变成一个法人；收购一般指一家企业用现金或者有价证券购买另一家企业的股票或者资产，以获得对该企业的全部资产或者某项资产的所有权，或对该企业的控制权。

采取并购战略，可以使企业突破资源限制和行业天花板限制，有效整合横向和纵向资源，多路径创造价值，落实企业的业务扩张。

在国内这样的例子数不胜数。比如，极兔速递并购百世快递后，跻身于快递行业第一梯队。2021年3月，极兔快递掀起价格战，以远低于行业的平均价格，搅动了整个物流行业。同年10月，极兔速递以68亿元并购百世快递，12月并购正式完成，极兔速递100%控股百世快递。

根据国家市场监督管理总局反垄断局披露的相关数据显示，极兔速递与百世快递在中国市场的合计份额在10%~15%。由此可见，此次并购完成，极兔速递跻身中国快递行业第一梯队。

1. 并购战略的分类

并购的类型有很多种，从不同的角度可以进行不同的分类。

①从双方所处的行业看，可以分为横向并购、纵向并购和混合并购。横向并购是指处于同行业、生产同类产品或生产工艺相似的企业间的并购。这种并购的目的在于消除竞争、扩大市场份额、增加并购公司的垄断实力或形成规模效应。纵向并购是通过与其供应厂商或客户的合并，以形成纵向一体化，全产业链发展，目的在于快速扩大经营规模。混合并购是指处于不同产业部门、不同市场，且这些产业部门之间没有特别的生产技术联系的企业之间的并购，目的在于实施多元化战略，减少公司长期经营一个行业所带来的特定行业风险。

②从并购方式上看，可分为直接并购、间接并购。直接并购是指收购公司直接向目标公司提出并购要求，双方经过磋商，达成协议，从而完成收购行为。在进行此类收购时，双方可以密切配合，所以相对成本较低，成功的可能性较大。间接并购指收购公司直接在证券市场上收购目标公司的股票，从而控股目标公司。

③从并购的动机来看，可分为善意并购和恶意并购。善意并购指收购公司开出某些并购条件后，目标公司接受相关条件的并购。由于双方都有合并的愿望，故这种并购方式成功率较高。恶意并购指收购公司开出收购条件后，目标公司不接受，收购公司在证券市场上进行强行收购的一种并购方式。

④从支付方式来看，可划分为现金收购、股票收购、综合证券收购。现金收购即收购公司向目标公司的股东支付一定数量的现金，从而获得目标公司的所有权。股票收购是指收购者以新发行的股票替换目标公司的股票的一

种股票收购模式。综合证券收购指在收购过程中，收购公司支付的不只有现金、股票，而且还有认股权证、可转换债券等多种混合方式。

2. 并购战略的总体步骤

不论是何种方式的并购，步骤大致相同，可以将并购过程分为四个主要阶段。

①制定并购战略阶段。在这一阶段，要基于公司的现有战略制定并购战略。其中，收购方需要比较现有公司战略中的核心诉求。收购方从企业的现状出发，以未来发展展望为方向，勾勒出其未来的收购蓝图。收购蓝图需要深度结合公司的企业战略。如果公司战略中已经决策采用收购方式进入该目标市场，则这些战略意图需要在收购蓝图中有所体现。

②并购规划阶段。在并购规划阶段，可以运用波特五力模型、SWOT等模型分析内外部环境，制订并购战略，选择并购方式，制订并购计划、资金计划。即制定清晰的收购路线图，收购路线图中将整体考虑中长期和短期收购交易，平衡短期的立竿见影扩大业务规模的项目，以及中长期拓展新领域的投资。另外，收购路线图中也需要考虑这些收购行为是由内而外的拓展，抑或是由外而内的战略突破的收购逻辑问题。

③并购实施阶段。在这一阶段，主要活动包括：如何谈项目、做尽职调查、谈估值、谈条款、交易结构搭建、论证具体标的收购可行性等。除此之外，还需组建专业的并购团队，包括集团并购负责人员、咨询团队、律师团队、会计师事务所等专业人员组成的团队保障。

④企业重组阶段。在完成并购，取得对被并购企业的控制权，需要对两家企业在资产、资源等方面进行重新配置，以及价值观、制度等方面的融合，提高劳动效率，帮助企业做大、做强。所以并购后整合才是并购成功的关键所在。

并购对企业发展有着重要意义，而不少并购之所以会失败，主要是因为采用的并购战略没能与本企业的战略很好地匹配，不能将目标企业融合到整个企业的运作体系当中，因而不能通过企业间的协作、资源的共享形成竞争优势，最终导致并购失败。

差异化战略：培育独特IP，避免同质化竞争

"差异化"是一个人们很熟悉的概念，尤其在谈及市场竞争时，经常会被提及。特别是当产品严重过剩时，企业能想到的唯一突破口就是寻找"差异化"，即通过实施差异化战略来赢得市场。故差异化是使用率极高的营销策略，也是极为重要的，不论对于个人还是企业，都代表着其独有价值。

差异化战略又叫作特色优势战略，是为使企业产品、服务、企业形象等与竞争对手有明显的区别，以获得竞争优势而采取的战略。它既可以是先发制人的战略，也可以是后发制人的战略。

不少企业的"差异化"，只是"差异"并没有"化"，没有形成自己企业可持续创新的"差异化"，最后又回到了大流。要建立差异化，关键在于制造"稀缺"。举个例子，A企业某产品的外形好看，而且很独特，除了A企业的门店，顾客在别处买不到类似的产品。于是B企业灵机一动，"抄"了A企业该产品的款式。但是，当B企业产品刚生产出来，还没有上架，A企业又推出了一种新款，而且卖得更好，之前的那款因为过时，已经下架了。

从中可以看出，A企业实施的是差异化战略，而B企业实施的是模仿战略，结果，在瞬息万变的市场面前，只有A企业才能掌握市场定价权。这也体现了差异化战略的优势，即让产品难以被模仿，否则差异化会很快变成同质化。

一般来说，企业在什么情况下应采用差异化战略呢？有这几种情况：一是有能力创造与竞争对手产品之间的差异，且这种差异被顾客认为是有某种

价值的；二是采用类似差异化途径的竞争对手很少，即真正能够保证企业是"差异化"的；三是技术迭代较快，市场上的竞争主要集中在不断地推出新的产品特色。

企业在运用差异化战略时，主要有哪些实施途径呢？

1. 逆向操作：和主流"玩法"对着干

逆向操作，即应用逆向思维，和行业中的主流"玩法"不同。如果大家都做加法，你就做减法，如果大家都做减法，你就做加法。即逆向操作并不是一味地简化选择，对抗升级，有时在减少一部分服务的同时，也会增加一些其他服务，看上去与主业关系不大，实际上却更吸引人。例如，在某家具商城，顾客可以买到家具以外的其他物品，比如设计精巧的玩具、餐具等，如果顾客逛饿了，还有可以在餐厅吃点东西。

2. 跨界合作：融入不同的元素

在广告学中，有一句经典的话语："创意是旧元素的新组合。"在市场越来越同质化的今天，企业要想做到差异化，除了在质量和价格上下功夫，还可以将不同行业、不同性质的元素融入产品或服务中。这就让人不得不想到"跨界合作"。跨界合作，顾名思义就是打破固有的品类思维，去整合和混搭，也就是跨界创新。

3. 彰显个性：正确使用 STP 策略

个性是品牌的标签，突出的个性能使品牌在同类中与众不同。只有凸显自身与众不同的个性，才能获得存在的价值。品牌个性可以使用 STP 策略：S（segmentation）——市场区隔：根据消费者的差异化需求，把某个产品或服务的市场细分为一系列的子市场，并从中选择最适合自己的目标市场。即避开自己的弱势区块，主攻强势的领域。T（targeting）——目标市场：了解自己的目标受众，他们的爱好、习惯等，使产品或服务与其特性吻合。P（positioning）——市场定位：有了科学的市场选择后，找到合适的品牌个性。

人无我有，人有我优。让产品与其他产品形成差异，成为消费者的第一选择。从这个意义上说，差异化是产品的记忆点，是产品竞争力的来源，是企业价值的根本。那些从普通走向优秀，又从优秀走向卓越的企业，大多都在执着地走差异化道路。

【战略场景】"大白兔"的跨界营销战略

近些年来，众多品牌进行跨界营销，甚至两个完全不相关的品牌，也要产生微妙契合感，以博取消费者，尤其是年轻消费者的眼球。究其根本，是年轻人的好奇心和品牌的逐利性在驱动。但是，能通过跨界把品牌运作为一个超级 IP 的少之又少，大白兔算一个。

"大白兔"是家喻户晓的品牌，从 1959 年由上海冠生园创立至今，已有 60 多年了，是名副其实的老字号品牌。一度，因为国外品牌糖果争相进入国内市场，使竞争白热化，有一些人认为，与一些时髦的品牌相比，"大白兔"显得有些土气。

几年前，为了让"大白兔"焕发生机，上海冠生园通过跨界营销的方式开启了品牌年轻化战略。2019 年 5 月 29 日，在庆祝"大白兔"诞生 60 周年的活动现场，人头攒动，为了从大白兔奶茶店买到一杯奶茶，很多人要排队五六个小时。一时间，大白兔奶茶在各自媒体平台、朋友圈等社交媒体上频繁刷屏。这时，如果有人问："哪家奶茶店更火？"首先想到的就是大白兔奶茶店。

"大白兔"不仅在产品上创新，而且紧跟时代的潮流，成功开启了品牌跨界营销的模式，获得了无数年轻消费者的认可和青睐。

那么"大白兔"都是怎么玩跨界营销的呢？

1. 携手太平洋咖啡推出全新饮品

2017年，在太平洋咖啡诞生25周年活动中，大白兔奶糖与太平洋咖啡合作，推出大白兔牛奶其乐冰(奶香浓郁的冰沙)、咖玛素娜大白兔拿铁、大白兔咖啡其乐冰三款全新饮品。特别是大白兔牛奶其乐冰，每一口都是奶香浓郁的童年滋味，每一杯都是幸福满满的回忆。

2. 联名美加净推出润唇膏

"大白兔"和美加净都是人们比较熟悉的老字号品牌。2018年9月，为了顺应当时的消费市场，两个品牌也玩起了跨界合作——结合彼此的产品特质，推出了全新的奶糖味润唇膏。从包装上看，唇膏外包装和大白兔奶糖几乎一模一样，仅在左上角加了美加净的标志，在大白兔中文名旁边，两行小字写着"奶糖味润唇膏"，主要成分是食品级植物精华和牛奶精华，并融入了牛奶精华，经过特别调香，深层滋润双唇的同时，还保持了大白兔奶糖的经典味道。

3. 与气味图书馆合作推出系列产品

2019年5月底，"大白兔"与气味图书馆携手，联名推出了一系列概念性香氛产品，一经开售，十分钟就售出14000多件，其限量610份的香氛礼包，3秒内便被抢夺一空。与此同时，气味图书馆还制作了一支萌萌兔的视频，迅速获得了众多网友关注，并登上了微博热搜排行榜。

4. 与乐町合办时尚走秀

2019年，"大白兔"与太平鸟旗下品牌乐町合作，在上海举办时尚走秀。期间展出"大白兔"联名服饰系列。有些服饰为红白蓝配色，有的印有White Rabbit英文字样和经典兔子形象等，各类时尚元素与服饰完美融合，有些网友甚至戏称"穿上之后就是大白兔奶糖本糖"。

5. 与LABER THREE合作推出系列女鞋

大白兔与国内新锐设计品牌"LABER THREE"合作，推出数款女鞋，主打毛绒元素，使消费者很容易联想奶糖的软与甜。同时，LABER THREE也借助明星的力量造势，推出多款明星穿搭样片。

6. 和快乐柠檬联手打造快闪店

在"大白兔"品牌60周年主题展上，奶茶快闪店、复古快闪店和奶糖空间快闪店首次亮相。奶茶快闪店，由"大白兔"和快乐柠檬联手打造，凭借童年的回忆杀、经典的奶香味道，一天的奶茶供应量在1000杯左右。

"大白兔"所有这些跨界行为的出发点只有一个，就是让这只60多岁的"老白兔"年轻化，在互联网时代，这也是老字号品牌获得市场认可的必经之路。"大白兔"通过一次次创新、有趣的跨界营销，拉近了与年轻消费者的距离，赋予了品牌年轻的崭新形象。

参考文献

[1] 王志纲. 王志纲论战略：关键阶段的重大抉择 [M]. 北京：机械工业出版社，2021.

[2] 铃木博毅. 图解战略：一本书读懂 3000 年战略史 [M]. 周素，陈广琪，译. 北京：文化发展出版社，2021.

[3] 理查德·鲁梅尔特. 好战略，坏战略 [M]. 蒋宗强，译. 北京：中信出版集团，2016.

[4] 三谷宏治. 经营战略全史 [M]. 徐航，译. 南京：江苏文艺出版社，2016.

[5] 周国元. 麦肯锡结构化战略思维：如何想清楚、说明白、做到位 [M]. 北京：人民邮电出版社，2021.

[6] 权五铉. 战略定力 [M]. 李民，译. 南京：江苏凤凰文艺出版社，2020.